야옹야옹 빨간불
우리들의 고민 상담소

김민아 지음 | 임영제 그림

알파에듀

# 차례

작가의 말 · 7

1장 내 마음을 알아차려요

잘하고 싶은데 걱정이 너무 많아! · 10
지나간 일이 알려 준 길 · 12
친구들의 눈빛이 차가워졌어요 · 14
친구들 말 때문에 속상해요 · 16
학교 가기 싫은 날 · 18
나만 잘하는 게 없어! · 20
왜 이렇게 얼굴이 화끈거리지? · 22
내가 잘할 수 있을까? · 24
나에게 또 기회가 올까? · 26
승우 점수의 비밀 · 28
편들면 안 되는 거야? · 30
다 먹을 수 없는데 · 32
수빈이의 비밀 · 34
이번에도 나일 줄 알았는데 · 36
마음을 녹인 선생님의 한마디 · 38
마음이 급해지니 엉망이 됐어요 · 40
좋은 것은 가까이에 있어 · 42
체육 대회에서 이겼어요 · 44

2장 올바른 습관을 만들어요

아무도 모를 줄 알았는데 · 48
갖고 싶은데 어떡해? · 50
칭찬받고 싶었을 뿐인데 · 52
네가 어떻게 나한테 이럴 수 있어? · 54
아무도 없으니 괜찮을 거야 · 56
웃음이 만든 오해 · 58
답답해! 왜 말을 안 하는 거야? · 60
공부하기 싫어요! · 62
화내면 속 시원할 줄 알았는데 · 64
급한 마음이 만든 실수 · 66
발표는 어려워! · 68
10분의 소중함 · 70
상준이에게 이런 면이 있었어? · 72
그때 계속 할걸 · 74
짜증 한마디, 미안함 한가득 · 76
게임의 유혹 · 78
미워하는 마음이 계속 남아 있어요 · 80
불안이 만든 선택 · 82

3장 타인을 이해하고 배려해요

마음이 급해져 친구를 재촉했어요 • 86
이기고 싶었을 뿐인데 • 88
웃음 뒤의 후회 • 90
할머니의 걱정 • 92
좋은 말만 듣고 싶어요 • 94
꼬리에 꼬리를 무는 말 • 96
찬물을 끼얹은 말 한마디 • 98
별명 부르는 친구는 싫어요! • 100
내가 하고 싶은 걸 친구도 원해요 • 102
회장은 어려워 • 104
소문의 진실 • 106
진실은 언젠가 드러날 거야 • 108
험담의 늪에 빠졌어요 • 110
웃고 난 뒤 찾아온 미안함 • 112
피구도 못하고 싸움만 했어요 • 114
팀에 끼기 어려운 호준이 • 116
말할까? 모른 척할까? • 118
자세히 살펴야 알 수 있어요 • 120

4장 건강한 관계를 만들어요

다시 만나게 될 줄이야! • 124
완벽함 뒤의 외로움 • 126
웃음을 잃은 윤재의 고민 • 128
내가 만든 벽에 갇혔어요 • 130
칼날처럼 날카로웠던 말들 • 132
좋은 친구인 줄 알았는데 • 134
부끄럼쟁이 상민이가 변했어요! • 136
엄마 눈에 눈물이 맺힌 이유 • 138
부모님께 죄송한 아침 • 140
아이 먼저? 어른 먼저? • 142
필요할 때만 찾는 친구 • 144
얼었던 마음을 녹인 쪽지 • 146
동생을 위해 한 말이었는데 • 148
좋아하는 반찬만 먹고 싶어! • 150
믿고 다 털어놓았는데 • 152
진심이 아니었다니 • 154
나에게 다가와 주면 좋겠어요 • 156
영진이의 반전 • 158

5장 바르게 행동해요

수학은 누가 만든 거야? · 162
포기하지 않아요 · 164
행운 뒤에 찾아온 불행 · 166
내 맘대로 규칙 · 168
나 하나쯤이야 · 170
조금 늦으면 어때? · 172
다짐보다 중요한 것 · 174
알아주지 않아도 · 176
리코더 연습하다 마음 상했어요 · 178
다들 하길래 했는데 · 180
청소는 귀찮아 · 182
부드럽고 따뜻한 말이 부러워 · 184
토끼를 이긴 거북이 · 186
자만의 대가 · 188
하루 10분으로 이룬 변화 · 190
더 많이 가지면 좋을 줄 알았어 · 192
사과했는데 왜 안 받아줘? · 194
작은 행동이 만든 차이 · 196

이 책에 실린 고전 · 198

| 작가의 말 |

"오늘 하루 어떤 마음이었나요?"

　우리 마음속에는 여러 가지 감정이 있어요. 하루에도 몇 번씩 감정이 바뀌지요. 학교 가다가 친구를 만나면 행복했다가 수학 시간에 문제가 풀리지 않으면 짜증이 나기도 해요. 또 시험을 본다는 선생님 말씀에 불안하다가 급식 시간에 맛있는 음식을 먹으며 기쁨을 느끼기도 해요.

　내 마음에 어떤 감정이 있는지 아는 것은 아주 중요해요. 하지만 내 마음을 자세히 들여다보는 사람은 많지 않아요. 그래서 기쁘거나 행복할 때 어떻게 표현해야 할지 몰라 그냥 지나치기도 하고, 분노나 불안, 슬픔이 올라올 때 감정을 조절하지 못해서 폭발하거나 다른 사람에게 실수하기도 해요. 그래서 마음 공부가 필요하답니다. 평소에 내 감정이 어떤지 살펴보고 감정을 스스로 조절하기 위한 준비를 해야 해요.

　선생님은 학교에서 감정 때문에 힘들어하는 아이들을 많이 만나요. 그때마다 참 안타까워요. 사실 감정을 조절하는 것은 어른에게도 어려운 일이에요. 어른들도 어릴 때부터 마음 공부를 했다면 지금 더 행복하고 여유 있는 삶을 살고 있을 거예요.

　우리 마음속에 있는 기쁨, 슬픔, 분노, 불안, 절망 등의 감정 중에 틀린 것은 없어요. 모두 우리의 삶을 풍부하게 해주는 꼭 필요한 것들이랍니다. 만약 기쁨만 있다면 우리는 진짜 기쁜 감정의 가치를 모를지도 몰라요. 또 분노만 있다면 우울하고 힘들 거예요. 슬픈 일이 있기 때문에 다른 일에 기쁨과 행복을 느낄 수 있는 거예요.

　선생님이 학교에서 아이들과 함께 지내면서 마음속 빨간불이 들어왔던 실제 상황을 바탕으로 여러분의 마음 건강에 필요한 이야기를 지금부터 하려고 해요. 고전 중에는 여러분의 마음을 단단하게 해줄 좋은 구절이 많이 있어요. 그래서 우리의 이야기와 고전 구절을 연결하며 여러분과 대화할 거예요.

　좋은 문구는 눈으로 보고 소리 내어 읽고 직접 써 보면 마음속에 더 잘 새겨져요. 마음이 단단해지고 어떤 상황에서도 흔들리지 않는 행복한 여러분이 되길 응원합니다.

2025년 가을
김민아

1장
내 마음을 알아차려요

내 마음에 빨간 불이 들어왔을 때는
마음의 주인인 내가 잘 돌봐 줘야 해요.
슬플 땐 위로하며 다독여 주고
화가 났을 땐 불씨가 꺼질 수 있도록 도와야 해요.
그러려면 먼저 내 마음이 어떤지 살펴야겠죠?
지금 여러분의 마음은 어떤 색깔인가요?

잘하고 싶은데 걱정이 너무 많아!

 삐용삐용 마음 빨간불

　이번 주 주말에 영아는 피아노 콩쿠르에 나갑니다. 그래서 요즘 매일 열심히 피아노 연습을 하고 있는데 자꾸 같은 데서 틀려서 마음이 조마조마해졌어요. 영아는 '콩쿠르에 나갔을 때 손에 땀이 나서 손이 건반에서 미끄러지면 어쩌지, 외웠던 악보가 기억이 안 나면 어쩌지, 틀리는 장면을 혹시 친구가 보고 비웃으면 어쩌지, 같이 나가는 친구들 중에 나만 상을 못 받으면 어쩌지' 등이 걱정되어 잠이 잘 오지 않았습니다.

 **선생님의 마음 도움**

우리는 무엇을 할 때 잘하고 싶은 마음이 있어요. 스스로 해냈다는 기분과 뿌듯함을 느끼고 싶고, 잘해서 인정받거나 칭찬받고 싶기도 해요. 하지만 이것이 너무 지나쳐 욕심이 되면 불안해지고 걱정이 많아져서 나를 힘들게 할 수 있어요.

모든 것은 경험이고, 성공하든 실패하든 여러분에게 좋은 거름이 될 거예요. 경험하는 것 자체로 의미 있는 일이니 성공 말고 경험을 목표로 하고 만족하는 건 어떨까요?

 따라 쓰며 마음을 챙겨요

만족하면 마음이 즐거워지고 욕심이 많으면 걱정이 많아진다. - 명심보감

만족하면 마음이 즐거워지고 욕심이 많으면 걱정이 많아진다. - 명심보감

11

지나간 일이 알려 준 길

 삐용삐용 마음 빨간불

민주는 작년에 처음으로 전교생 앞에서 발표를 하게 되었어요. 너무 떨려서 준비한 말을 잊어버려 말도 더듬고, 손이 덜덜 떨렸어요. 발표가 끝난 뒤에는 너무 부끄러워서 한동안 자신감이 없었어요. 그래서 민주는 자신의 발표를 돌아보았어요. 너무 긴장했던 점, 더 연습하지 못한 점을 떠올렸어요. 그리고 다시 발표할 기회가 생겼을 때 전보다 더 연습하고 친구들 앞에서 먼저 연습 발표를 했어요.

이번엔 발표를 잘 마치고 박수도 받았어요. 지난 실수를 생각해 보지 않았다면 이렇게 잘할 수 없었을 거예요.

 **선생님의 마음 도움**

지금 어떻게 해야 할지 고민되는 때가 있나요? 그러면 이전에 했던 경험들을 떠올려 보세요. 성공했던 경험이라면 그때의 잘했던 점들을 발전시켜 보세요. 혹시 실패하고 실수했던 경험이라면 그때의 상황을 돌이켜보면서 무엇이 잘 안 되었는지, 이유는 무엇인지 생각해보면 지금 더 잘할 수 있을 거예요. 실수는 배움의 시작이고 실수도 나를 키우는 거울이에요. 나의 지난 경험을 잘 이용하는 현명한 사람이 됩시다.

 따라 쓰며 마음을 챙겨요

밝은 거울은 얼굴을 살피는 수단이요,
지나간 일은 오늘을 아는 방법이다. - 명심보감

밝은 거울은 얼굴을 살피는 수단이요,
지나간 일은 오늘을 아는 방법이다. - 명심보감

친구들의 눈빛이 차가워졌어요

 삐용삐용 마음 빨간불

    대윤이는 학교 축구팀에서 공격수예요. 한 번은 체육 시간에 멋지게 골을 넣어서 친구들이 대윤이를 칭찬해 줬어요.

    그날 이후 대윤이는 골을 넣을 때마다 친구들 앞에서 자꾸만 자기 자랑을 했어요. '내가 최고야!'라는 생각이 들고 자신보다 잘하는 친구는 없는 것 같았어요. "나 없으면 우리 팀 못 이겨!" 하고 말하기도 했죠.

    그런데 며칠 뒤 경기에서 대윤이는 실수만 계속했고, 골도 마음만큼 잘 넣지 못했어요. 그러자 친구들의 눈빛이 예전 같지 않았어요.

 **선생님의 마음 도움**

주변에서 잘난 체하고 자랑을 자주 하는 친구들을 보면 어떤가요? 그 친구의 실력이 대단하다고 여겨지나요, 아니면 보기 안 좋나요?

실력이 아무리 좋아도 겸손하지 않으면 친구들이 멀어질 수 있어요. 진짜 멋진 사람은 조용히 노력하는 사람이거든요.

내가 잘해서 선생님, 친구들이 칭찬해 줄 때 자랑하거나 잘난 체하지 말고 겸손하게 미소로 답하는 것이 어떨까요? 빛나는 보석은 억지로 드러내지 않고 가만히 있어도 빛난답니다.

 따라 쓰며 마음을 챙겨요

복이 있거든 늘 스스로 아끼고, 권세가 있거든 늘 스스로 공손하라.

인생에 교만과 사치는 처음은 있으나 흔히 끝이 없느니라.
- 명심보감

복이 있거든 늘 스스로 아끼고, 권세가 있거든 늘 스스로 공손하라.

인생에 교만과 사치는 처음은 있으나 흔히 끝이 없느니라.
- 명심보감

친구들 말 때문에 속상해요

 삐용삐용 마음 빨간불

어느 날 나는 숙제를 깜빡하고 안 해 갔어요.

그날 옆자리 친구가 "너 맨날 숙제 안 해 오네."라고 했어요. 그러자 뒤에 친구가 "얘 원래 그래."라고 말했어요.

그 말을 듣자마자 너무 화가 났어요. 속으로 '말이 너무 심하잖아!'라고 생각했죠. 사실 요즘 숙제를 두 번이나 안 해 간 건 사실이지만 친구에게 그런 말을 들으니 기분이 나빴어요. 그래서 그 친구들을 째려보며 소리쳤어요.

"야, 내가 언제 숙제를 안 해 왔어? 너네도 안 해 온 적 있잖아?"

우리는 서로 잘못했던 것들을 하나씩 이야기하며 말다툼을 했어요. 화내고 나니 속상하고 기분이 안 좋았어요.

 **선생님의 마음 도움**

우리는 다른 사람에게 좋은 말을 들을 때도 있고 나쁜 말을 들을 때도 있어요. 부모님께 칭찬을 들을 때도 있지만 선생님께 꾸중을 들을 때도 있답니다.
그럴 때 우리 기분은 널뛰기를 하곤 해요. 칭찬을 들을 땐 세상을 다 가진 것처럼 기분이 좋아졌다가 꾸중을 들으면 기분이 확 안 좋아지거든요. 그래프로 그리면 들쑥날쑥 널뛰기를 하는 모양일 거예요.
누군가의 비난이나 비판 때문에 화가 난다면, 화내기 전에 잠깐 멈추고 그 말의 진짜 이유를 생각해 보세요.

 따라 쓰며 마음을 챙겨요

남에게 비난을 들어도 성급히 화내지 말며, 남에게 칭찬을 들어도 성급히 기뻐하지 말라. - 명심보감

남에게 비난을 들어도 성급히 화내지 말며, 남에게 칭찬을 들어도 성급히 기뻐하지 말라. - 명심보감

학교 가기 싫은 날

 삐용삐용 마음 빨간불

 저는 요즘 가장 친했던 친구 재인이와 사이가 안 좋아요. 저랑 단짝이었던 재인이가, 저보다 윤정이와 같이 노는 시간이 길어져서 제가 삐쳐서 말했거든요. 그랬더니 재인이가 제가 이해가 안 된다면서 집에 가 버렸어요. 그 이후에 서로 만나도 인사하지 않고 서먹서먹한 사이가 되었어요.
 밤에 자꾸 재인이에 대한 화와 괜히 말했다는 후회 때문에 잠이 잘 오지 않아요. 또 학교에 가는 게 너무 싫고 학교에 가도 재인이와 윤정이를 보는 것이 불편해요. 아침마다 머리가 아프다, 배가 아프다 하니 엄마가 걱정했어요. 재인이와 예전처럼 같이 친하게 지내고 싶은데 어떻게 해야 할지 모르겠어요.

선생님의 마음 도움

우리에게는 부정적인 감정이 있어요. 화, 걱정, 불안, 슬픔 등이 그런 감정인데요. 이것을 너무 오래 가지고 있으면 이 감정들이 우리를 삼켜 우리의 마음을 조종하게 돼요. 그래서 점점 판단이 흐려집니다.

우리의 마음은 몸과도 연결되어 있어요. 어떤 마음이냐에 따라 우리 몸이 반응해요. 그래서 스트레스를 많이 받거나 부정적인 감정이 크면 머리나 배가 아플 수 있어요. 이럴 땐 몸이 우리에게 신호를 보내주고 있는 거예요. "그만 신경써!"라고 말이에요.

마음과 몸의 건강을 위해서 문제를 적극적으로 해결하고 부정적인 감정을 줄입시다.

따라 쓰며 마음을 챙겨요

화를 심하게 내면 기가 한쪽으로 치우쳐 상하게 되고, 생각이 많으면 정신이 크게 손상된다. -명심보감

화를 심하게 내면 기가 한쪽으로 치우쳐 상하게 되고, 생각이 많으면 정신이 크게 손상된다. -명심보감

나만 잘하는 게 없어!

 삐용삐용 마음 빨간불

저는 요즘 고민이 많아요. 현서는 공부를 잘해서 수업 시간에 발표를 잘해요. 그리고 은성이는 축구를 잘해서 점심시간만 되면 친구들이 은성이를 찾아요. 체육 시간에 같은 팀을 하고 싶어하기도 하고요. 재은이는 리코더를 잘 불어서 음악 시간에 선생님에게 칭찬을 받았어요. 채아는 키도 크고 얼굴도 예뻐서 친구들에게 인기가 좋아요.

모두 장점이 하나씩은 있는데 저는 아무 장점이 없는 것 같아요. 잘하는 것이 있는 친구들이 부럽고 내 자신이 너무 초라하게 느껴져요. 저에게도 다른 친구에게 부러움을 사고 어른들께 칭찬받을 수 있는 특별한 점이 있으면 좋겠어요.

선생님의 마음 도움

여러분은 자기 자신에 대해 잘 알고 있다고 생각하나요? 우리는 다른 사람들은 유심히 보고 좋은 점을 잘 찾으면서 정작 나를 자세히 관찰하지 않아 나에 대해 잘 알지 못하는 경우가 많아요. 우리의 시선이 다른 사람을 향해 있기 때문이에요.

나를 사랑하고 나의 장점을 찾으려면 일단 나 자신에 집중하고 자세히 살펴보는 시간을 가져야 해요. 하늘은 누구에게나 특별한 씨앗을 심어 놓았습니다. 하지만 그것을 발견하고 키워 나가는 것은 우리의 몫이에요. 남이 발견해 주기를 바라지 말고, 내가 나를 사랑하는 마음을 갖고 잘 찾아서 예쁘게 키워야 해요.

내 안의 씨앗을 찾을 준비가 되었나요?
씨앗이 여러분이 찾아 주길 기다리고 있을 거예요.

따라 쓰며 마음을 챙겨요

하늘은 능력이 없는 사람을 만들지 않으며, 땅은 이름 없는 풀을 기르지 않는다. -명심보감

하늘은 능력이 없는 사람을 만들지 않으며, 땅은 이름 없는 풀을 기르지 않는다. -명심보감

왜 이렇게 얼굴이 화끈거리지?

 삐용삐용 마음 빨간불

쉬는 시간에 친구들과 놀고 있었어요. 여러 명의 친구들과 경찰과 도둑 놀이를 했습니다. 선생님께서 교실에 들어오시다 딱 그 순간 뛰어 들어오던 형준이와 제영이를 보셨어요. 선생님은 둘을 앞으로 불러서 꾸중하셨어요.

"쉬는 시간에 교실과 복도에서 뛰지 않기로 했는데 왜 약속을 안 지키지요?"

저는 모른 체하고 가만히 있었어요.

수업이 시작되자 선생님은 우리 모두에게 우리 반의 규칙과 안전을 위해 실내에서 뛰지 않아야 한다는 말씀을 하셨어요.

저는 마음이 불편했어요. 선생님이 말씀하시는 내내 고개를 들 수가 없었어요. 왠지 얼굴도 빨갛게 변하는 기분이었어요.

 ### 선생님의 마음 도움

우리에게는 양심이 있어요. 잘못했을 때나 거짓말을 할 때 얼굴에 그런 마음이 드러나는 것도 마음속에 자리 잡고 있는 양심 때문이랍니다.

이런 양심이 있어야 우리는 다른 사람이 억지로 시키지 않아도 정해진 규칙에 맞춰 행동할 수 있어요. 규칙에서 벗어난 행동을 하면 이 양심이 활동하여 우리의 마음을 불편하게 하고 얼굴이 빨개지면서 스스로 부끄러움을 느끼게 되거든요.

언제나 다른 사람 앞에 당당하게 설 수 있도록 부끄러운 행동을 하지 않는 것이 좋아요. 만약 실수했을 때에도 빨리 인정하고 양심의 가르침대로 행동합시다.

 ### 따라 쓰며 마음을 챙겨요

남에게 죄 지은 것이 없으면 얼굴에 부끄러운 빛이 없다. - 명심보감

남에게 죄 지은 것이 없으면 얼굴에 부끄러운 빛이 없다. - 명심보감

내가 잘할 수 있을까?

 삐용삐용 마음 빨간불

  수업 시간에 모둠별로 역할극을 하게 되었는데 선생님이 저에게 주인공 역할을 맡기셨어요. 저는 고민하다 친구들에게 말했어요.
  "자신이 없어. 주인공 역할 잘 못할 것 같아."
  제 말을 들은 몇몇 친구들이 "그럼 다른 친구가 해도 괜찮을 것 같아."라고 말했어요.
  그 말을 듣자 저는 속상했어요. 스스로 자신이 없어 뒤로 물러서는 제 자신이 너무 한심스러웠어요.
  선생님은 이미 정해진 역할이니 바꾸지 말고 최선을 다했으면 좋겠다고 말씀하셨고 우리는 결국 정해진 역할로 연습을 시작했어요.

선생님의 마음 도움

주변에 자신감 있어 보이는 사람들은 어떤 모습인가요? 표정과 말투가 어떤가요? 스스로 자신에 대해 믿는 사람들은 자신감 있게 말하고 행동해요. 그런 사람을 보면 왠지 일을 잘할 것 같아 사람들이 따르고 신뢰를 해요. 반대로 자신의 능력을 의심하고 자신을 자꾸 낮추는 사람은 목소리도 작아지고 눈빛에 힘이 없어져서 자신이 없어 보입니다. 그런 모습을 보면 다른 사람들도 그 사람의 능력을 믿지 않아요.

자신에 대해 믿음을 가지고 행동하세요. 내가 나를 믿을 때 세상도 나를 믿고 인정해 줍니다. 거울을 보고 이렇게 말해 보세요. "나는 할 수 있다!"

따라 쓰며 마음을 챙겨요

스스로 믿는 사람은 다른 사람 또한 그 사람을 믿고, 스스로를 믿지 못하는 사람은 타인 역시 자신을 의심한다. -명심보감

스스로 믿는 사람은 다른 사람 또한 그 사람을 믿고, 스스로를 믿지 못하는 사람은 타인 역시 자신을 의심한다. –명심보감

나에게 또 기회가 올까?

 삐용삐용 마음 빨간불

저는 4학년 반장 선거에 나갔어요. 연설문도 고민해서 준비했고 연설 연습도 열심히 했어요. 친구들에게 선거 운동도 적극적으로 했어요.

그런데 반장 선거에서 아쉽게도 떨어지고 말았어요.

열심히 했는데 결과가 좋지 않아 너무 실망스럽고 눈물이 나왔어요. 인기가 없는 것 같아 자신감도 떨어졌고 나 말고 다른 친구를 뽑은 친구들이 원망스럽기도 했어요. 하지만 저는 다시 마음을 다잡았어요. 반장은 아니지만 학급 일에 열심히 참여했고 반장이 도움을 요청할 때마다 기꺼이 도와줬어요.

선생님께서 그 모습을 보고 칭찬해 주셨어요. 기분이 좋긴 했지만 아직도 반장 선거에 떨어진 것이 속상해요.

 **선생님의 마음 도움**

반장 선거에 나갔다가 떨어지면 참 실망스럽죠. 대회에 나갔는데 결과가 안 좋아도 기분이 안 좋고 속상하기도 해요.

하지만 기회는 늘 있어요. 한 번 기회를 놓쳤다고 포기하면 안 돼요. 더 좋은 기회를 잡기 위해 우리는 다시 마음을 회복하고 기다려야 해요.

좋은 일도 나쁜 일도 계속 일어나지는 않아요. 좋은 일이 있다가도 안 좋은 일이 올 수 있고 속상한 일 뒤에 행복함이 오기도 해요.

기회가 사라졌을 때도 포기하지 않으면 더 좋은 기회가 올 수 있다는 걸 잊지 마세요.

 따라 쓰며 마음을 챙겨요

꽃은 졌다가도 다시 피고, 피었다가도 다시 지고 비단 옷을 입었다가도 베옷으로 바꿔 입는다. - 명심보감

꽃은 졌다가도 다시 피고, 피었다가도 다시 지고 비단 옷을 입었다가도 베옷으로 바꿔 입는다. - 명심보감

승우 점수의 비밀

 삐용삐용 마음 빨간불

 선생님께 지난 시험 결과를 받았는데 점수가 생각보다 낮았어요. 그런데 같은 반 승우는 항상 높은 점수를 받아요. 이번에도 승우는 좋은 점수를 받아 선생님께 칭찬을 받았고 친구들에게 부러움을 한 몸에 받았어요.
 '승우는 똑똑해서 항상 100점이야. 난 머리가 나빠서 안 되는 것 같아.'
 저는 속상한 마음을 감출 수가 없었어요. 평소에 놀지 않고 공부만 하는 것도 아닌 것 같은데 승우는 어떻게 공부를 잘하는 걸까요? 머리가 좋거나 좋은 학원을 다니나 봐요.
 그런데 어느 날 승우가 말했어요.
 "나 어제도 밤에 복습하고 문제집 세 장 풀었어. 공부하느라 늦게 잤더니 너무 졸리다."

 ### 선생님의 마음 도움

아무 노력도 없이 잘하는 것 같은 사람도 사실 뒤에서 엄청난 노력을 기울이고 있답니다. 노력 없이 열매를 맺기는 어려워요. 어쩌다 운이 좋아 좋은 결과를 낼 수는 있지만 계속 운과 타고난 능력만으로 성공할 수는 없거든요.

여러분 주변에 나보다 좋은 결과를 내고 있는 친구가 있다면 그 친구의 겉모습만 보지 말고 생활 속에서 어떤 노력을 기울이고 있는지 잘 살펴보세요. 나는 하고 있지 않은 노력과 수많은 시도들을 그 친구는 하고 있음을 알게 될 거예요.

남이 잘하는 것을 부러워만 하면 나에게 아무 변화도 일어나지 않아요. 스스로 부족한 점을 인정하고 노력해서 진짜 성장을 이루는 내가 됩시다.

 ### 따라 쓰며 마음을 챙겨요

자기 집 두레박 줄이 짧은 것은 탓하지 않고 남의 집 우물 깊은 것만 탓한다. - 명심보감

자기 집 두레박 줄이 짧은 것은 탓하지 않고 남의 집 우물 깊은 것만 탓한다. - 명심보감

편들면 안 되는 거야?

 삐용삐용 마음 빨간불

점심시간에 운동장에서 피구를 하고 있었어요. 예진이가 실수로 패스를 잘못해 상대편에게 공이 넘어갔어요. 우리 팀은 갑자기 찬물을 끼얹은 듯 분위기가 안 좋아졌어요. 상대편은 이 틈을 타서 우리 팀을 공격했고 두 명이 공을 맞고 나가게 되었어요.

그러자 우리 팀 친구들은 실수한 예진이를 욕하기 시작했어요. 그 모습을 보고 저는 그냥 웃고 넘길 수가 없었어요. 일부러 그런 것도 아닌데 예진이에게 뭐라고 하는 친구들이 너무하다는 생각이 들었어요. 친구들에게 "야, 그런 말 하면 기분 나쁘잖아. 그냥 다음에 잘하면 되지!"라고 말했어요. 그러자 몇몇 친구들이 "너만 착한 척하냐?"라고 하며 저에게 눈을 흘겼어요.

 **선생님의 마음 도움**

우리는 환경의 영향을 많이 받습니다. 주변이 밝은 에너지면 나도 그 영향으로 밝아지고 어두운 기운이 많으면 나도 어둡고 음침해져요.

하지만 주변이 아무리 어지러워도 내 마음이 곧고 바르면 흐려지지 않아요. 올바른 마음과 행동은 내가 지켜야 해요. 나쁜 분위기 속에서 내 마음을 지키기 위해서는 용기가 필요해요. 진짜 용기는 어떤 분위기 속에서도 내 생각을 끝까지 지킬 줄 아는 거예요. 그런 용감한 내가 되어야겠죠?

올바른 행동은 혼자라도 지켜야 해요. 어떤 곳에서든 영롱하게 빛날 수 있도록 스스로의 마음과 생각을 잘 지키고 행동하세요.

 따라 쓰며 마음을 챙겨요

흰 옥을 진흙 속에 던져도 그 빛을 더럽힐 수 없고, 군자는 혼탁한 곳에 갈지라도 그 마음을 어지럽힐 수 없다. - 명심보감

흰 옥을 진흙 속에 던져도 그 빛을 더럽힐 수 없고, 군자는 혼탁한 곳에 갈지라도 그 마음을 어지럽힐 수 없다. - 명심보감

다 먹을 수 없는데

 삐용삐용 마음 빨간불

 현장학습 가기 전날, 엄마가 도시락을 싸주신다고 먹고 싶은 것을 물어보셨어요. 그래서 저는 김밥, 주먹밥, 치킨, 과일 등을 말씀드렸어요. 엄마는 너무 많지 않냐 하셨지만 저는 다 먹을 수 있다고 큰 소리를 쳤어요.
 다음 날 엄마는 제가 말한 음식들을 싸 주셨어요. 제가 좋아하는 반찬과 과일이 가득했어요. 점심시간에 도시락을 꺼내자 친구들이 엄청 부러워했어요.
 그런데 실제로는 많이 먹지 못했어요. 아무리 먹어도 음식은 줄지 않았고 친구들에게 나눠 줘도 여전히 음식이 남아서 결국은 버리게 되었어요. 먹을 수 있는 양은 정해져 있는데 친구들에게 자랑하고 싶은 마음에 욕심을 부린 것 같아 후회가 되었어요. 아침 일찍부터 음식을 준비해 주신 엄마에게도 너무 죄송스러웠고요.

 **선생님의 마음 도움**

마트나 문구점에 가면 이것 저것 사고 싶은 게 너무 많아요. 예쁘고 필요할 것 같은 생각이 들어 사지만 실제로 집에 가면 쓰지 않고 보관만 하는 경우도 많아요. 사람에게 실제로 필요한 것은 아주 적고 단순해요. 많다고 다 쓰는 것도 아니고, 자랑할 일도 아니에요. 많이 가지고 싶은 마음에 이것저것 사다 보면 그 물건들이 오히려 여러분에게 부담을 주고 마음을 불편하게 할 수 있어요.
욕심보다는 절제와 만족이 마음을 더 풍요롭게 한다는 사실을 기억하고, 적당히 필요한 만큼만 구입하는 현명한 소비를 합시다.

 따라 쓰며 마음을 챙겨요

큰 집이 천 칸이라도 밤에 여덟 자 방에 눕고, 좋은 밭이 만 이랑이 있더라도 하루에 두 되 먹는다.
- 명심보감

큰 집이 천 칸이라도 밤에 여덟 자 방에 눕고, 좋은 밭이 만 이랑이 있더라도 하루에 두 되 먹는다.
- 명심보감

수빈이의 비밀

 삐용삐용 마음 빨간불

　수빈이는 지윤이와 함께 피아노를 배우기 시작했어요. 둘은 피아노 학원에 다니기 싫었지만 엄마가 시켜서 다니게 되었어요. 둘 다 피아노를 처음 배우는 거라 건반 위치도 잘 모르고 악보도 읽기 어려웠어요.
　그런데 시간이 지나면서 수빈이는 피아노가 조금씩 재미있어졌어요. 건반을 손으로 누르면 예쁜 피아노 소리가 나는 것도 기분 좋았고 힘들지만 반복해서 연습하면 안 되던 연주가 되는 것을 보니 뿌듯하기도 했어요. 게다가 유튜브에서 유명 피아니스트의 연주를 듣고 피아노에 대한 마음이 탁 열렸어요.
　"우아, 나도 저렇게 치고 싶어!"
　그날 이후 수빈이는 피아노가 재미있어졌고, 집에서 스스로 연습하기 시작해서 실력이 쑥쑥 늘기 시작했어요. 그런 수빈이를 보며 지윤이는 깜짝 놀랐답니다.

 **선생님의 마음 도움**

우리는 자주 어떤 일을 할 때 '해야 하니까' 억지로 하곤 합니다. 그런데 이렇게 억지로 하면 결과가 어떨까요? 부모님이나 선생님이 시켜서 억지로 하는 것은 한계가 있어요. 좋아서 하는 사람을 이길 수 없어요. 좋아서 하는 사람은 배우는 과정에 적극적으로 참여하거든요.

하지만 좋아하는 사람도 즐기는 사람을 이길 수는 없어요. 즐기는 사람은 결과와 상관없이 과정에 즐겁게 참여해요. 좋은 결과를 바라서가 아니라 과정의 행복과 즐거움을 좋아하는 거거든요. 실패해도 무너지지 않고 계속할 수 있는 힘이 있어요. 여러분이 높이 날고 싶다면 그 일을 즐기는 사람이 되어 보세요.

 따라 쓰며 마음을 챙겨요

아는 사람은 좋아하는 사람만 못하고, 좋아하는 사람은 즐기는 사람을 이길 수 없다. - 논어

아는 사람은 좋아하는 사람만 못하고, 좋아하는 사람은 즐기는 사람을 이길 수 없다. - 논어

이번에도 나일 줄 알았는데

 삐용삐용 마음 빨간불

　효연이네 반은 매주 주제 글쓰기를 해요. 그러고 나면 선생님께서 제일 잘 쓴 아이를 뽑아서 말씀해 주세요. 효연이와 친구들은 자기 글이 뽑혔으면 좋겠다는 생각을 하며 선생님이 발표하실 때를 기다려요.
　잘 쓴 글로 가장 많이 뽑힌 아이는 윤선이에요. 윤선이가 여러 번 뽑히니 친구들은 윤선이 글이 뽑히는 것이 당연하다고 생각했어요. 윤선이도 자신의 글이 괜찮다고 인정받으니 기분이 좋았고, 반에서 제일 잘 쓴다는 생각에 자신감이 생겼어요.
　그런데 어느 날 선생님께서 차준이의 글을 뽑으셨어요. 차준이는 평소에 글을 못 써서 고민하던 아이였는데 뽑혀서 모두가 놀랐어요. 윤선이는 자신의 글이 뽑히지 않아 속상하고 자만한 자신이 후회됐어요.

선생님의 마음 도움

우리는 살아가면서 일이 잘 안 되면 속상하고 걱정해요. 나만 못하는 것 같아 마음이 엉망이 돼요. 반대로 일이 잘 되면 너무 기뻐서 마음이 들떠요. 세상을 다 가진 것 같고 내가 제일 잘한다고 인정받은 것 같아 하늘을 날 거 같죠.

그런데 중요한 건 기분이 좋을 때나 나쁠 때나 한쪽으로 치우치지 않는 마음, 바로 '마음의 균형'이에요. 결과에 따라 마음이 롤러코스터를 타는 것처럼 오르락내리락 하면 안 돼요. 일이 잘 안 풀릴 때 속상한 마음에 사로잡혀 있으면 새롭게 노력하는 것이 어려워지고, 일이 잘 될 때 들뜨면 실수하고 자만할 수 있거든요. 감정에 흔들리지 않고 꾸준히 노력하는 사람이 되어 봅시다.

따라 쓰며 마음을 챙겨요

뜻대로 되지 않는다고 근심하지 말며, 마음이 흡족하다고 기뻐하지 말라. 오랫동안 무사하기를 믿지 말고, 처음이 어렵다고 꺼리지 말라. - 채근담

뜻대로 되지 않는다고 근심하지 말며, 마음이 흡족하다고 기뻐하지 말라. 오랫동안 무사하기를 믿지 말고, 처음이 어렵다고 꺼리지 말라. - 채근담

마음을 녹인 선생님의 한마디

 삐용삐용 마음 빨간불

　태율이는 아침부터 기분이 나빴어요. 어제 숙제하느라 조금 늦게 잤더니 알람을 맞춰 놨는데도 늦잠을 자는 바람에 급하게 일어나 학교 갈 준비를 했어요. 게다가 엄마가 알림장, 숙제 활동지 등의 준비를 미리 안 해 놨다고 잔소리를 하시는 바람에 말다툼을 했어요. 그래서 태율이는 학교에 와서도 기분이 계속 안 좋고 짜증이 났어요.
　1교시 끝나고 쉬는 시간에 선생님께서 태율이에게 웃으면서 말씀하셨어요.
　"태율아, 머리 잘랐구나! 오늘 머리 멋지다!"
　태율이는 깜짝 놀랐어요. 아무도 머리를 잘랐는지 모를 줄 알았는데 선생님께서 웃으면서 관심을 가져 주시니 놀랍기도 하고 마음이 따뜻해졌어요.

 **선생님의 마음 도움**

기분이 안 좋고 짜증이 날 때 누군가 나에게 다가와 관심을 가지고 따뜻한 말을 해주면 여러분은 기분이 어떤가요? 얼음이 녹는 듯 누군가의 말 한마디가 여러분의 차갑고 딱딱해진 마음을 살살 녹이지요.

동물과 식물도 우리가 알아들을 수 있는 방법으로 표현하지는 못하지만, 여러 실험을 통해 보면 좋은 말을 들으면 건강하게 잘 자라고, 화내고 짜증내는 말을 들으면 제대로 자라지 못해요. 사람도 마찬가지예요. 우리는 즐거움과 재미, 그리고 따뜻한 말과 분위기에 감동받고 마음이 움직여요. 주변 사람들과 따뜻한 말 한마디와 재미를 나눌 수 있는 관계를 맺기 바랍니다.

 따라 쓰며 마음을 챙겨요

천지에는 하루라도 따뜻한 기운이 없어서는 안 되고, 사람의 마음에는 하루라도 즐거운 마음이 없어서는 안 된다. - 채근담

천지에는 하루라도 따뜻한 기운이 없어서는 안 되고, 사람의 마음에는 하루라도 즐거운 마음이 없어서는 안 된다. - 채근담

마음이 급해지니 엉망이 됐어요

 삐용삐용 마음 빨간불

과학 시간에 선생님이 실험 방법을 소개해 주셨어요.
"오늘은 화산 활동 모형 실험을 할 거예요. 설명을 잘 듣고 차례대로 해봅시다."
선생님이 실험 순서와 방법을 설명하려던 순간, 진서는 속으로 생각했어요.
"이거 전에 동영상으로 봤던 건데! 내가 아는 거네."
진서는 선생님 설명이 끝나기도 전에 혼자서 먼저 실험을 시작했어요.
쿠킹 컵에 마시멜로 여러 개를 듬뿍 넣고 빨간색 색소도 많이 뿌렸어요. 그리고 가열 장치도 미리 켰어요. 그런데 실험을 급하게 하다가 마시멜로와 색소를 책상에 쏟았어요. 그래서 그것을 치우느라 한 시간을 보냈어요.
진서는 선생님 말씀을 듣고 차근차근 실험하는 아이들이 부러웠어요. 그리고 조금만 기다렸다 했으면 성공했을 텐데 하는 아쉬움도 들었어요.

 **선생님의 마음 도움**

우리는 뭔가 잘 알고 있다고 생각할 때 기다리지 않고 바로 해버리고 싶은 마음이 생겨요. 아는 거면 빨리 하고 싶고, 빨리 하면 더 잘할 수 있을 것 같거든요. 하지만 그렇게 서두르다가 실수하거나 중요한 것을 놓치는 경우가 많아요. 마음이 급하면 시야가 좁아져서 보고 싶은 것만 보고 듣고 싶은 것만 듣게 돼요.

그렇기 때문에 어떤 일을 할 땐 조급하기보다는 마음을 차분하게 가라앉히고 천천히 행동해야 해요. 그래야 실수를 줄이고 더 좋은 결과를 얻을 수 있어요. 무엇을 할 때 '혹시 지금 내 마음이 급하지 않나?'를 한번 생각해 보세요.

 따라 쓰며 마음을 챙겨요

성질이 조급하고 마음이 거친 사람은 한 가지 일도 이룰 수가 없고, 마음이 온화하고 평온한 사람은 백 가지 복이 저절로 모여든다. - 채근담

성질이 조급하고 마음이 거친 사람은 한 가지 일도 이룰 수가 없고, 마음이 온화하고 평온한 사람은 백 가지 복이 저절로 모여든다. - 채근담

좋은 것은 가까이에 있어

 삐용삐용 마음 빨간불

 민슬이는 친구들과 놀이동산이나 테마파크처럼 특별한 곳에 가는 걸 좋아했어요. 놀이기구가 있고 물놀이도 하고 집에서 멀리 떨어진 곳에 가야 재미있다고 생각했어요. 하지만 민슬이네 가족은 주말에 멀리 가기 어려운 상황이에요. 언니가 고등학생이라 주말에도 학원을 다니고 공부해야 해서 여행을 가기 어려워졌거든요.

 민슬이는 언니 때문에 놀러가지 못하는 것이 불만이에요. 자신의 마음을 몰라주고 언니한테만 맞추는 부모님도 원망스러웠어요. 또 놀러가는 친구들이 부러웠어요.

 이번 주도 집에 있었어요. 아빠가 심심해하는 민슬이와 동생을 보고 공원에 산책가자고 했어요. 벤치에 앉아서 간식도 먹고 네잎클로버도 찾았어요. 민슬이는 처음으로 '우리 동네가 예쁘고 평화로운 곳이구나.' 하는 생각이 들었어요.

 **선생님의 마음 도움**

우리는 좋은 것, 아름다운 것, 즐거운 것이 특별한 곳, 값비싼 곳, 멀리 있는 곳에 있다고 생각해요. 그래서 여행은 멀리 가야 행복하다든지, 놀이터보다는 놀이공원이 재미있다는 생각을 하는 거예요.

행복이 크고 대단하고 멀리 있는 걸까요? 사실 행복은 우리 가까이에서 얼마든지 찾을 수 있어요. 가족과 함께 밥을 먹는 시간, 친구와 이야기 나누는 하굣길, 집에 오면 나를 반겨주는 강아지 등 사소하고 익숙한 것에서도 행복을 찾을 수 있답니다. 우리가 매일 지나는 골목길, 매일 만나는 사람들 속에도 행복하고 따뜻한 순간이 숨어 있어요. 그 행복을 매일 찾아가는 재미를 느끼길 바랍니다.

 따라 쓰며 마음을 챙겨요

좋은 경치는 먼 곳에 있지 않다. 오막살이 초가집에도 맑은 바람과 밝은 달빛이 스민다. - 채근담

좋은 경치는 먼 곳에 있지 않다. 오막살이 초가집에도 맑은 바람과 밝은 달빛이 스민다. - 채근담

체육 대회에서 이겼어요

 삐용삐용 마음 빨간불

서후는 책 읽기를 좋아하고 독후감을 많이 써서 선생님께 칭찬을 받았어요. 하지만 체육 시간에는 늘 뒤처졌어요. 달리기도 매번 친구들보다 느렸고요.

서후는 다음 주에 하는 체육 대회가 걱정되었어요.

"난 운동은 영 아니야……."

선생님께서는 체육 대회에서 경기의 승패도 중요하지만 응원 점수가 꽤 크다고 말씀하셨어요. 반 아이들은 함께 응원 아이디어를 내어 준비를 시작했어요. 반장이 말했어요.

"서후야, 네가 응원 구호 잘 만들잖아. 우리 반 응원 구호를 만들어 줄래?"

서후는 용기를 내어 구호를 만들었고, 그 구호로 함께 연습했어요.

체육 대회 날 서후네 반은 열심히 응원해서 얻은 점수로 이겼답니다.

 **선생님의 마음 도움**

우리는 무엇이든 할 수 있는 가능성이 있는 존재예요. 여러 가지 예쁜 씨앗을 가지고 있어요. 그럼에도 우리는 잘하는 것과 잘하지 못하는 것을 구분하고, 잘하지 못하는 것은 포기하고 도전하지 않을 때가 많아요. 여러 그릇으로 쓰일 수 있는 우리의 가능성을 묻어 두면 안 되겠죠?

자신을 어떤 한 가지로만 단정 짓지 말고, 다양한 가능성을 열어 두도록 하세요. 여러분이 어떤 그릇으로 쓰일지는 스스로 결정할 수 있어요. 자신의 능력을 믿고 노력한다면 여러분은 쓰임이 많은 멋진 사람으로 거듭날 거예요.

 따라 쓰며 마음을 챙겨요

군자는 하나의 그릇처럼 단지 한 가지만 할 줄 아는 사람이 되어서는 안된다. - 논어

군자는 하나의 그릇처럼 단지 한 가지만 할 줄 아는 사람이 되어서는 안된다. - 논어

2장 올바른 습관을 만들어요

여러 가지 상황에서 지혜롭게 생각하고
슬기롭게 말하고 행동하려면
평소에 연습하는 것이 좋아요.
내 생각과 행동을 만들어 나가는 것이
바로 '습관'이에요.
바른 습관을 함께 만들어 볼까요?

아무도 모를 줄 알았는데

 삐용삐용 마음 빨간불

저는 숙제하는 것을 깜빡했어요.

다음 날 아침, 조급한 마음에 친구의 숙제를 살짝 베껴서 냈어요.

수업 시간이 되자 선생님이 검사를 시작하셨어요. 베껴서 숙제를 한 것이 마음에 걸렸지만 선생님이 그냥 넘어가셔서 다행이라 생각했어요.

그런데 수업이 끝나고 선생님께서 저를 조용히 부르셨어요.

"숙제 내용이 친구 거랑 너무 똑같은데 네가 직접 했니?"

저는 얼굴이 빨개졌어요.

양심상 선생님께 거짓말할 수가 없어 결국 고백했어요.

선생님은 '숙제를 안 했으면 솔직히 말하는 게 훨씬 낫다'고 말씀해 주셨어요.

 **선생님의 마음 도움**

봉선화 꽃씨를 심었는데 강낭콩이 열리지는 않겠지요?
'뿌린 대로 거둔다'는 말처럼 우리는 우리가 한 행동에 따라 결과를 얻을 수밖에 없어요. 그런 의미에서 우리가 좋은 결과를 바란다면 좋은 씨를 뿌리고 정성을 들여야 해요.
우리가 나쁜 행동을 할 때 아무도 모를 것 같지만 사실 하늘은 우리의 모든 마음과 행동을 알고 있답니다. 그리고 무엇보다 내 양심이 알고 있지요. 나쁜 행동은 나쁜 결과로 이어질 수 있다는 점을 기억하세요. 여러분의 밭에 예쁘고 싱싱한 씨앗을 뿌리세요. 그러면 탐스럽고 멋진 열매가 열릴 거예요.

 따라 쓰며 마음을 챙겨요

오이를 심으면 오이를 얻고, 콩을 심으면 콩을 거둔다. 하늘의 그물은 크고 엉성해 보이지만 결코 빠져나갈 수 없다. – 명심보감

오이를 심으면 오이를 얻고, 콩을 심으면 콩을 거둔다. 하늘의 그물은 크고 엉성해 보이지만 결코 빠져나갈 수 없다. – 명심보감

갖고 싶은데 어떡해?

 삐용삐용 마음 빨간불

　크리스마스 선물로 저와 동생은 선물을 받았어요. 저는 레고를 선물 받았고 동생은 슬라임 세트를 받았어요. 처음엔 평소 갖고 싶은 거여서 정말 기뻤는데 동생이 슬라임을 하는 것을 보니 저도 하고 싶어지더라고요.
　동생에게 빌려 달라고 해도 안 빌려줄 것이 뻔한데…… 시간이 갈수록 해보고 싶은 마음이 커졌어요.
　그래서 동생이 없을 때 몰래 슬라임을 가져가려고 동생 방으로 갔어요. 그때 하필 동생이 들어와서 제가 가져가려는 모습을 봤어요. 동생은 엄마에게 이르려고 소리를 쳤어요. 저는 갑자기 너무 화가 났어요. 잠깐 쓰고 돌려놓으려고 했을 뿐인데 이르는 동생이 원망스러웠어요.

50

 **선생님의 마음 도움**

평소에 뭔가를 갖고 싶고 하고 싶은 마음이 들 때가 있어요. 우리가 이런 마음을 가지는 것은 당연한 거예요. 하지만 내가 원하는 것을 모두 가질 수는 없어요. 갖고 싶은 것이 많아도 그 중에 선택하고 참을 줄 알아야 해요. 사실 어른도 참고 자제하는 것이 어려워요. 그렇기 때문에 어릴 때부터 연습하고 노력해야 해요. 화가 났을 때도 마찬가지예요. 누구나 상황에 따라 화날 때가 있지만 그때마다 화난 감정을 마구 표현하다 보면 말실수를 할 수도 있고 상대방에게 상처를 주거나 일을 크게 만들 수 있어요. 화를 잘 다스리고 적절한 방법으로 표현합시다.

 따라 쓰며 마음을 챙겨요

화는 마치 불을 끄듯이 신속하게 다스리고, 욕망은 물이 새어나오지 않게 막듯이 잘 통제해야 한다.
- 명심보감

화는 마치 불을 끄듯이 신속하게 다스리고, 욕망은 물이 새어나오지 않게 막듯이 잘 통제해야 한다.
- 명심보감

칭찬받고 싶었을 뿐인데

 삐용삐용 마음 빨간불

저와 민준이는 발명 대회에 나가 상을 받았어요. 방송 조회 시간에 교장선생님께 상을 받고 교실로 오니 친구들이 박수를 쳐주었어요.

저는 뽐내고 싶은 마음에 "내가 좀 잘하지."라고 말하며 어깨를 으쓱했어요. 발명 대회에서 상 받는 것이 어려운 일인데 상을 받아 친구들이 알아줬으면 좋겠다고 생각했거든요.

그런데 민준이는 친구들의 박수에 고맙다고 인사했어요. 그리고 친구들의 질문에 운이 좋았을 뿐이라며 조용히 웃더라고요.

쉬는 시간마다 아이들은 민준이에게 몰려가서 축하를 해주고 같이 놀려고 했어요. 저에게는 아무도 오지 않더라고요. 너무 속상했어요.

 **선생님의 마음 도움**

좋은 결과를 냈을 때 여러분은 어떤 마음이 드나요? 누군가 나의 잘한 점을 알아줬으면 좋겠다고 생각하나요, 아니면 조용히 기쁨을 누리나요?

사람의 행복과 즐거움은 다른 사람이 알아줄 때 오는 것이 아니에요. 다른 사람의 말과 행동으로 기쁨을 느끼는 사람은 다른 사람에 의해 마음이 이리저리 흔들릴 수 있어요. 진정한 기쁨은 내가 그 일에 대해 만족하고 스스로 뿌듯함을 느낄 때 얻을 수 있답니다.

뽐내고 거만한 사람은 주변 사람들이 좋게 보지 않아요. 내 실력에 대해 겸손할 때 다른 사람도 여러분을 더 대단하게 여기고 따를 수 있어요. 진심 어린 축하와 인정을 원한다면 겸손한 태도를 가져 보세요.

 따라 쓰며 마음을 챙겨요

거만하면 손해를 보고 겸손하면 이익을 본다.
- 명심보감

거만하면 손해를 보고 겸손하면 이익을 본다.
- 명심보감

네가 어떻게 나한테 이럴 수 있어?

 삐용삐용 마음 빨간불

연진이는 진희에게 요즘 속상한 일이 있어요. 진희가 필통을 안 가져온 날이 몇 번 있었는데 그때마다 연진이가 진희에게 연필과 지우개를 빌려줬거든요. 그런데 어제 연진이가 미술 준비물을 안 가져와서 진희에게 빌려 달라고 부탁하자 진희는 싫다고 하는 거 아니겠어요?

연진이는 화가 나서 진희에게 소리쳤어요.

"내가 얼마나 많이 도와줬는데 네가 그럴 수 있어?"

연진이는 괜히 진희를 도와준 것 같아 후회가 되었어요.

 **선생님의 마음 도움**

우리는 남에게 무언가를 해주고 그 사람에게 기대를 해요. 그리고 그 기대에 못 미치면 실망하고 화를 내곤 합니다. 하지만 누군가에게 베풀고 도움을 줄 땐 그걸 똑같이 해주리라 기대하거나 바라는 마음이 있으면 안 돼요. 그러다 보면 속상하고 마음이 괴로워지거든요.

주는 것만으로도 기쁘고 만족스러워해야 마음이 편할 수 있어요. 여러분이 남을 돕고 배려한 것은 당장 그 사람에게서 똑같이 돌아오지 않더라도, 보이지 않는 곳간에 차곡차곡 쌓여서 더 큰 복으로 돌아올 거예요. 무언가를 베풀 땐 보답을 바라지 말고 기쁜 마음으로 해보세요.

 따라 쓰며 마음을 챙겨요

은혜를 베풀기로 했다면 보답을 바라지 말라. 보답을 바라면 은혜를 베푼 마음이 그릇된 것이 된다.
-채근담

은혜를 베풀기로 했다면 보답을 바라지 말라. 보답을 바라면 은혜를 베푼 마음이 그릇된 것이 된다.
-채근담

아무도 없으니 괜찮을 거야

 삐용삐용 마음 빨간불

요즘 스마트폰 게임의 재미에 푹 빠졌어요. 틈만 나면 게임을 하고 친구들과 함께 놀이터에 모여서도 게임을 했어요. 부모님께서 하루에 30분만 하라고 하셨지만 멈추는 게 쉽지 않았어요.

어느 날 엄마에게 스마트폰을 많이 한다고 꾸중을 들었어요. 안 한다고 약속하고 방에 들어가 누웠는데 잠이 안 오더라고요. 갑자기 게임하고 싶은 마음이 들었어요. '아무도 없는데 괜찮지 않을까?' 하는 생각이 들어 이불 속에서 스마트폰을 켰어요. 신나게 게임을 하다 보니 열두 시가 넘었어요. 부모님과의 약속을 지키지 않아 마음은 불편했지만 아무도 못 봤으니 괜찮겠죠?

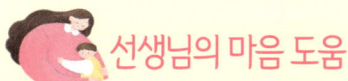 **선생님의 마음 도움**

평소에 어른이 계시거나 누군가 있는 공간에서는 행동을 조심하고 규칙을 지키려 하지만 아무도 없는 공간에서는 그런 마음이 약해질 때가 있어요. '보는 사람이 없으니 괜찮겠지.' 하는 생각에 평소에는 못하지만 하고 싶었던 행동을 하기도 해요.

하지만 아무도 없는 공간일 때도 평소 사람이 있는 것처럼 똑같이 행동해야 해요. 자신의 행동을 일관성 있게 유지할 수 있으려면 다른 사람이 보기 때문이 아니라 스스로 옳은 행동이라고 판단하는 힘이 필요해요. 언제 어디서든 내 안의 기준에 따라 행동할 수 있는 꿋꿋한 사람이 되어 볼까요?

 따라 쓰며 마음을 챙겨요

밀실에 앉았어도 마치 네거리를 지나가는 것처럼 하라. 아무도 없는 곳에서 더 경계하고 숨겨진 곳은 반드시 드러나므로 조심해야 한다. -명심보감

밀실에 앉았어도 마치 네거리를 지나가는 것처럼 하라. 아무도 없는 곳에서 더 경계하고 숨겨진 곳은 반드시 드러나므로 조심해야 한다. -명심보감

웃음이 만든 오해

 삐용삐용 마음 빨간불

　민재는 수학 시간에 수학 문제를 풀다가 틀렸어요. 그때 짝인 수연이가 웃는 것이 아니겠어요? 민재는 자신이 틀린 것을 보고 수연이가 웃었다고 생각했어요. 민재는 너무 기분이 나빴어요. 그래서 화를 참지 못하고 주먹으로 책상을 세게 쳤어요. 책상을 치자 큰 소리가 났고 수연이는 깜짝 놀라 소리를 질렀어요. 교실이 순간 조용해졌습니다.

　수연이가 억울한 표정을 짓자, 민재는 "네가 나 틀린 거 보고 웃었잖아!"라고 소리쳤어요. "아니야, 너보고 웃지 않았어."라고 수연이가 말했지만 민재는 믿지 않았어요.

　결국 두 사람은 말싸움을 하다가 울기까지 했어요.

 ### 선생님의 마음 도움

누구나 화나는 순간이 있어요. 내가 하고 싶은 일이 마음대로 되지 않을 때, 혹은 친구가 내가 싫어하는 말이나 행동을 할 때, 억울하게 선생님이나 부모님께 혼날 때 우리는 '화'라는 감정을 느껴요. 화가 났을 때 감정대로 행동하면 작은 일을 크게 만들 수 있어요. 화가 섞인 말과 행동이 친구에게 전해졌을 때 일이 눈덩이처럼 커져 큰 싸움이 될 수가 있거든요. 그래서 기분이 나쁘거나 화가 날 때는 '잠깐 멈춤' 후 생각해 봐야 해요.

내가 잘못 생각한 것은 아닐까? 오해한 부분은 없을까? 내가 기분 나쁜 것을 어떻게 표현하면 좋을까? 하고 고민한다면 감정을 잘 조절할 수 있답니다. 그런 뒤 친구에게 자신의 마음을 표현한다면 오해 없이 일을 해결할 수 있을 거예요.

 ### 따라 쓰며 마음을 챙겨요

참고 경계하지 못하면 작은 일을 크게 만들 수 있다.
-명심보감

참고 경계하지 못하면 작은 일을 크게 만들 수 있다.
-명심보감

답답해! 왜 말을 안 하는 거야?

 삐용삐용 마음 빨간불

국어 시간이었어요. 선생님이 모둠끼리 '일회용품을 줄이기 위한 방법'에 대해 토의할 시간을 주셨어요. 지은이네 모둠은 돌아가면서 의견을 발표하고 좋은 의견을 고르기로 했어요.

현수 차례가 되었어요. 현수는 아무 말도 하지 않고 계속 가만히 있었어요. 현수에서 막혀 토의가 진행이 안 되니 모두 답답하고 화가 났어요. 그래서 지은이는 현수에게 핀잔을 주었어요.

"야! 너 바보야? 왜 아무 말도 안 해?"

그 말을 들은 현수는 갑자기 눈물을 터트렸어요.

 **선생님의 마음 도움**

모둠 활동을 하다 보면 의견을 잘 이야기하지 않는 친구가 있어요. 우리는 모두 성격도 다르고 속도도 달라요. 어떤 친구는 빠르게 말하고 행동하지만 어떤 친구는 생각하는 데 시간이 걸리기도 하고 자기 의견을 말하는 것을 부끄러워하기도 해요.
그렇다고 답답한 마음에 친구에게 상처 주는 말을 하거나 화를 내면 안 됩니다. 상처 주는 말은 친구도 마음 아프지만 나에게도 다시 돌아올 수 있으니 조심해야 해요.
기쁨과 분노의 감정은 내 마음속에 있지만 그 감정은 내 입을 통해 나와요. 그럴 땐 생각하고 또 생각합시다.

 따라 쓰며 마음을 챙겨요

기쁨과 분노는 마음 속에 있고 말은 입에서 나오므로 신중하고 조심하지 않을 수 없다. - 명심보감

기쁨과 분노는 마음 속에 있고 말은 입에서 나오므로 신중하고 조심하지 않을 수 없다. - 명심보감

공부하기 싫어요!

 삐용삐용 마음 빨간불

저녁 먹고 게임을 하는 승재를 보고 아빠가 말했어요.
"승재야, 게임 그만하고 이제 숙제하고 공부해야지. 이제 곧 4학년인데 놀기만 하면 어떻게 해?"
게임을 계속하고 싶은 승재는 말했어요.
"공부하기 싫단 말이야. 공부는 나중에 할래."
이 말을 들은 아빠는 승재에게 누나 승희의 일주일 계획표를 보여주었어요. 요일별로 할 일이 정리되어 있고 중요한 순서를 색깔별로 구분해 놓았어요. 계획을 세우고 실천하는 누나가 놀랍고 대단하다는 생각이 들었어요. 그래서 누나가 공부도 잘하고 원하는 고등학교에도 갈 수 있었나 봐요.

 **선생님의 마음 도움**

혹시 아직 어리다고 생각해서 할 일을 미루고 있지 않나요?
어릴 때 어떤 습관을 가지고 어떻게 생각하고 살아가느냐에 따라 우리의 미래가 달라질 수 있어요. 지금 더 좋은 습관을 가지고 더 많이 배우려고 노력하지 않으면 나이가 들어서 멋지게 살 수 없어요. 아이들이 궁금한 것을 물어봐도 대답을 못해 주는 어리석은 어른이 되고 싶진 않죠?
당장은 조금 귀찮고 재미없는 것도 미래에 멋진 어른이 된 나를 떠올리며 해냅시다. 어린 시절의 내 행동이 인생의 계획이 되고, 내 생각이 인생의 그림이 될 수 있다는 것을 기억하세요. 어릴 때 여러분의 노력이 인생의 재산입니다.

 따라 쓰며 마음을 챙겨요

일생의 계획은 어릴 때에 있는 것이니 어릴 때에 배우지 않으면 늙어서 아는 것이 없게 된다. - 명심보감

일생의 계획은 어릴 때에 있는 것이니 어릴 때에 배우지 않으면 늙어서 아는 것이 없게 된다. - 명심보감

화내면 속 시원할 줄 알았는데

 삐용삐용 마음 빨간불

    준혁이는 과학 시간에 모둠별로 생물 관찰을 하고 있었어요. 실체 현미경으로 해캄, 짚신벌레를 관찰하는 시간이었어요. 친구들과 가위바위보를 해서 정한 순서대로 현미경 관찰을 했어요. 평소 생물에 관심이 많았던 준혁이는 너무 기대가 됐어요.

    드디어 준혁이 차례가 되었어요. 현미경에 비친 해캄과 짚신벌레가 신기해서 푹 빠져 관찰하는데 서아가 "야, 그만 봐. 너 혼자 오래 보면 어떻게 해?"라며 짜증을 냈어요. 그 말을 듣자 준혁이는 갑자기 너무 화가 났어요. 그래서 서아의 과학책을 찢었어요.

    서아는 울었고 다른 모둠 친구들이 준혁이가 잘못했다며 화를 냈어요. 준혁이는 서아에게 화를 내면 기분이 풀릴 줄 알았는데 참지 못한 것이 후회도 되고, 친구들이 자신에게 잘못했다고 하니 속상했어요.

 **선생님의 마음 도움**

우리는 상대방에게 화를 내면 상대방을 이기는 것이라 여기고, 나에게 있던 화난 감정이 줄어들거나 없어질 거라 생각합니다. 하지만 감정은 그렇지가 않아요. 덜어 내어지는 것이 아니라 벽에 부딪혀서 다시 나에게 와요. 내가 친구에게 화를 내도 그 친구에게서 안 좋은 감정을 다시 받곤 해요. 친구가 나에게 화를 내기도 하고 선생님이나 부모님께 혼나서 다시 화가 나에게 오기도 하거든요.

무엇보다 화를 낸 자신에 대해 좋은 생각을 가지기가 어려워요. 감정을 조절하지 못하고 화를 낸 자신에게 실망스럽기도 하고 후회의 감정이 들 수 있어요.

내가 화를 내면 이것이 더 큰 공이 되어 나에게 돌아온다는 점을 기억하세요.

 따라 쓰며 마음을 챙겨요

먼저 화를 내는 것은 남이 아닌 나를 해치는 일이다.
- 명심보감

먼저 화를 내는 것은 남이 아닌 나를 해치는 일이다.
- 명심보감

급한 마음이 만든 실수

 삐용삐용 마음 빨간불

예진이는 아침에 늦잠을 잤어요. 급하게 학교 갈 준비를 하느라 정신이 없었죠. 물병 뚜껑을 닫는데 오늘따라 마음이 급해서인지 잘 안 닫혔어요.

"에이, 괜찮겠지······." 하며 물병 뚜껑을 제대로 닫지 않은 채 그냥 가방에 쏙 넣었어요.

그런데 2교시가 끝나고 책을 꺼냈는데 책이 물에 젖어 축축했어요. 물이 쏟아져서 책이며 필통이며 다 젖어 버린 거예요. 게다가 도서관에서 빌린 책까지 젖어서 당황스러웠어요.

예진이는 울먹이며 '내가 미리 준비하고 여유 있게 학교에 왔으면 이런 일이 없었을 텐데······.'라고 생각했어요.

 **선생님의 마음 도움**

초등학생에게 제일 중요한 습관이 무엇이냐고 묻는다면 성실함과 부지런함이라고 이야기하고 싶어요. 평소의 작은 생활 태도를 보면 그 사람이 성실하고 부지런한지 아닌지 알 수 있어요. 그 작은 것들이 모여 여러분이 된답니다.

부지런하게 아침을 시작하고 자신의 할 일을 먼저 하고 논다면 할 일을 놓칠 가능성이 줄어들 거예요. 또 부지런해서 시간적 여유가 있으면 자신의 일을 신중하게 생각할 수 있고, 실수가 줄어들 수밖에 없겠죠? 그러면 친구나 가족, 선생님의 칭찬을 받을 뿐만 아니라 믿음을 얻을 수 있어요. 작은 변화만으로도 생활 속에서 얻는 것이 많을 거예요.

 따라 쓰며 마음을 챙겨요

부지런함은 값을 매길 수 없는 보배이고 조심하는 것은 자신을 보호하는 부적이다. - 명심보감

부지런함은 값을 매길 수 없는 보배이고 조심하는 것은 자신을 보호하는 부적이다. - 명심보감

발표는 어려워!

 삐용삐용 마음 빨간불

 국어 시간에 발표하는 방법에 대해 배웠어요. 선생님께서 다음 주 국어 시간에 멸종위기 동물에 대해 조사한 내용을 발표한다고 하셨어요. 한 명씩 나와서 조사한 것을 발표한다는데 재훈이는 그 얘기를 듣자마자 가슴이 철렁 내려앉고 걱정이 되기 시작했어요.

 재훈이는 일어나서 발표하려고 하면 손도 떨리고 목소리도 덜덜 염소처럼 변해요. 그리고 친구들이 쳐다보면 얼굴이 빨개져요. 선생님께서 발표는 처음엔 힘들지만 한두 번 해보면 충분히 할 수 있다고 용기를 주셨지만 똑같이 긴장되었고 잠도 안 왔어요.

 발표하는 날이 되었어요. 너무 떨렸지만 겨우 발표를 끝냈어요. 선생님 말씀이 맞았어요. 끝내고 나니 괜히 걱정했다는 생각이 들고 다음엔 더 잘해 보고 싶은 마음이 들었어요.

선생님의 마음 도움

발표할 때 긴장되는 친구들이 참 많죠. 선생님도 초등학생 시절에 발표하려고 하면 얼굴이 빨개지고 엄청 떨렸어요. '내가 틀리면 어쩌지?, 내가 실수했을 때 친구들이 웃으면 어쩌지?' 하는 생각이 컸던 것 같아요. 하지만 지금은 초등학교 선생님으로서 매일 아이들 앞에서 말하고 있답니다. 이제 사람들 앞에서 말하는 것이 긴장되거나 힘들지 않아요. 그 비결은 무엇일까요? 바로 '많이 해보기'입니다. 경험해 보지 않으면 아무것도 변하지 않아요. 많이 보고 듣고 경험해 봐야 지혜도 얻을 수 있고 배워서 성장할 수 있어요. 어떤 일이 있다면 고민하지 말고 일단 해 보세요!

따라 쓰며 마음을 챙겨요

한 가지 일을 경험하지 않으면 한 가지 지혜가 자라지 않는다. - 명심보감

한 가지 일을 경험하지 않으면 한 가지 지혜가 자라지 않는다. - 명심보감

10분의 소중함

 삐용삐용 마음 빨간불

　주아는 학원에 가야 하는 시간이 되었는데 친구들과 노는 게 너무 즐거웠어요. 그래서 '딱 10분만 더 놀고 가야지.' 하며 친구들과 놀았어요. 10분이 지나자 학원에 갈 시간이 됐는데 집에 안 온다고 엄마가 전화했어요. 주아는 부리나케 학원으로 달려갔어요.

　도착해 보니 이미 수업을 시작했어요. 중간부터 들으니 수업 내용이 잘 이해가 되지 않았어요. 게다가 오늘 꼭 필요했던 문제집을 깜빡하고 챙겨오지 못했더라고요. 주아는 지각했다고 선생님께 혼났고 수업도 제대로 못 들은 채 집에 왔어요. 주아는 '10분 정도는 괜찮겠지.' 하고 생각했던 자신의 행동이 후회되었어요.

선생님의 마음 도움

하루에 10분은 긴 시간일까요, 짧은 시간일까요? 우리는 10분을 짧은 시간으로 여기고 허투루 흘려보내곤 하는데요. 사실 10분의 시간은 주아의 이야기에서 보았듯 하루가 엉망이 될 수도, 행복하게 보낼 수도 있는 중요한 것이랍니다.

매일 모두에게 시간은 똑같이 주어져요. 그 시간을 어떻게 쓰느냐에 따라 하루의 색깔과 모습이 달라져요. 성공한 사람들을 보면 잠깐의 시간도 소홀히 하지 않아요. 시간을 소중히 여기는 사람은 좋은 결과를 낼 수밖에 없어요.

5분, 10분이 여러분의 하루를 바꾸고, 차곡차곡 쌓여 나중엔 여러분 인생의 큰 힘이 될 거예요. 진짜 보물은 반짝이는 구슬이 아니라 지금 여러분이 가진 '시간'이랍니다.

따라 쓰며 마음을 챙겨요

한 자 되는 둥근 구슬이 보배가 아니고 아주 짧은 시간을 다투어 아껴 써야 한다. – 명심보감

한 자 되는 둥근 구슬이 보배가 아니고 아주 짧은 시간을 다투어 아껴 써야 한다. – 명심보감

상준이에게 이런 면이 있었어?

 삐용삐용 마음 빨간불

　지난 월요일은 자리를 바꾸는 날이었어요. 우리 반은 한 달에 한 번 자리를 바꾸거든요. 짝이 친했던 친구라 좋았는데 다른 짝으로 바뀌게 된다니 너무 아쉬웠지만 새로운 짝이 누가 될지 기대가 되었어요.

　제비뽑기로 번호를 뽑아 자리를 바꿨는데 제가 우리 반에서 제일 싫어하는 상준이와 짝이 됐더라고요. 상준이는 장난꾸러기라 저희가 놀고 있으면 방해하고 수업 시간에 떠들어서 분위기를 흐리곤 해요. 저는 짝이 마음에 들지 않아서 하루 종일 기분이 별로였어요.

　그런데 일주일 동안 짝을 하면서 상준이의 다른 점을 보게 되었어요. 모둠 활동에서 다른 친구가 하기 싫어하는 역할을 하기도 하고 미술 시간에 그림을 엄청 잘 그리더라고요.

 **선생님의 마음 도움**

똑같은 시간을 보내는데 어떤 날은 시간이 너무 안 가서 지루하고 어떤 날은 너무 즐거워서 시간이 훌쩍 지나간 경험이 있나요? 기분이 좋을 땐 주변 사람들이 따뜻하고 다정해 보이지만 기분이 안 좋거나 마음이 닫혀 있을 땐 모두가 내 마음을 몰라주는 것 같아 속상하기도 해요.

그럴 때 우리는 바깥 환경을 탓할 것이 아니라 내 마음을 들여다봐야 해요. 내가 너무 부정적으로 생각하고 있지는 않은지, 내가 좋은 점을 보지 못하고 있는지 스스로 질문해 봐야 해요. 엄청난 마음의 힘을 믿어 보세요. 마음 하나만 바꾸면 세상이 달라 보인답니다.

 따라 쓰며 마음을 챙겨요

길고 짧은 것은 한 생각에 달려 있고, 넓고 좁은 것은 한 마음에 달려 있다. - 채근담

길고 짧은 것은 한 생각에 달려 있고, 넓고 좁은 것은 한 마음에 달려 있다. - 채근담

그때 계속 할걸

 삐융삐융 마음 빨간불

    주호는 바이올린 학원을 다녔어요. 1년 정도 지나자 갑자기 곡이 어려워졌고 주호는 바이올린 연습하는 것이 힘들고 재미없게 느껴졌어요. 연습해도 틀리는 것이 속상했어요. 그래서 주호는 '나중에 다시 배우지 뭐.' 하며 결국은 바이올린 배우던 것을 그만두었어요.

    시간이 지나 주호는 같이 바이올린 학원에 다녔던 정은이가 학예회 때 멋지게 바이올린 곡을 연주하는 것을 보게 되었어요. 다시 바이올린을 배우고 싶어진 주호는 바이올린을 꺼내 들었지만 예전보다 손도 굳고 음표도 잘 기억나지 않았어요.

    주호는 너무 속상했어요.
'계속했으면 지금쯤 훨씬 잘했을 텐데…… 왜 그만뒀을까?'

 **선생님의 마음 도움**

뭔가를 배우다가 포기한 적 있나요? 우리가 하던 것을 그만둘 때는 '다음'에라는 말로 자신의 생각을 이야기할 때가 많아요. 그런데 다음에 또 그것을 시작하기는 쉽지 않습니다. 배움에는 때가 있기 때문이에요.

시간이 무한정 있고 기회도 계속 넘쳐날 것 같지만 현실은 그렇지가 않아요. 다시 시작할 땐 더 큰 용기와 의지가 필요합니다. 여러분에게 현재 가장 큰 배움은 공부일 거예요. 공부하기 싫을 때가 많겠지만, 지금 이 시기가 지나 어른이 되면 학교에서 배울 수 있는 기회도 없고 모르는 것이 있어도 물어볼 선생님도 앞에 있지 않아요.

지금 여러분이 있는 이 공간, 이 시간을 놓치지 말고 열심히 배우길 바랍니다.

 따라 쓰며 마음을 챙겨요

젊었을 때는 두 번 거듭 오지 아니하고 하루에 새벽도 두 번 있지 않나니 젊었을 때 마땅히 학문에 힘쓰라. 세월은 사람을 기다리지 않느니라. - 명심보감

젊었을 때는 두 번 거듭 오지 아니하고 하루에 새벽도 두 번 있지 않나니 젊었을 때 마땅히 학문에 힘쓰라. 세월은 사람을 기다리지 않느니라. - 명심보감

짜증 한마디, 미안함 한가득

 삐용삐용 마음 빨간불

호진이는 숙제하다가 잘 안 풀려서 점점 짜증이 났어요. 그때 엄마가 다가왔어요.
"숙제가 오래 걸리네?"
"풀고 있어."
"숙제가 어려워? 수업 시간에 배웠을 거 아냐. 엄마가 도와줄까?"
호진이는 화가 난 채로 소리쳤어요.
"엄마는 맨날 참견만 해! 내가 알아서 할 거라고!"
엄마는 굳어진 표정으로 조용히 방을 나갔어요. 호진이는 갑자기 눈물이 났어요.
"나는 그냥 속상해서 그런 건데……. 엄마가 걱정해서 말해 준 건데 왜 그렇게 말했지?"

 **선생님의 마음 도움**

우리 마음속에는 여러 가지 감정들이 같이 있답니다. 기쁨, 즐거움, 감동, 고마움 같은 감정만 느끼면 좋겠지만 우리는 슬픔, 분노, 속상함, 부끄러움 등의 감정도 많이 느껴요.

우리가 느끼는 이 부정적인 감정들은 잘못된 것이 아니에요. 누구나 경험하는 자연스러운 감정들이에요. 하지만 그 감정을 말로 표현할 땐 꼭 한 번 더 생각해 봐야 해요. 한번 내뱉은 말은 다시 주워담을 수 없고 후회해도 소용없거든요.

말은 감정을 담는 그릇이에요. 따뜻한 마음을 담은 말은 여러분도 듣는 사람도 행복하게 해 줄 거예요.

 따라 쓰며 마음을 챙겨요

입은 곧 마음의 문이니 입 지키기를 엄격히 하지 않으면 마음의 비밀이 모두 드러난다. - 채근담

입은 곧 마음의 문이니 입 지키기를 엄격히 하지 않으면 마음의 비밀이 모두 드러난다. - 채근담

게임의 유혹

 삐용삐용 마음 빨간불

연우는 친구들과 컴퓨터실에서 조별 활동을 하게 되었어요. 선생님은 "검색만 해야 해요. 다른 영상을 보거나 게임을 하면 안 돼요."라고 말씀하셨어요.

그런데 현중이가 "연우야, 검색은 금방 끝내고 게임 조금만 하자." 하며 유혹했어요. 순간 연우는 고민했어요. 선생님은 지금 복도에 계셨고 아무도 보는 사람이 없었어요.

'잠깐은 괜찮지 않을까? 다들 하고 있는데…….'

한편으로는 이런 생각도 들었어요.

'선생님이 안 보셔도 약속을 지켜야 하지 않을까?'

연우는 어떻게 해야 할까요?

 **선생님의 마음 도움**

여러분이 연우라면 어떤 선택을 했을까요?

바른 행동이란 꼭 누군가에게 보일 때만 하는 게 아니에요. 혼자 있을 때, 아무도 보지 않을 때에도 자신을 지키는 마음이 진짜 '절개'라고 할 수 있어요. 남과 한 약속이 아니라 내 마음속에 있는 규칙과 기준들을 지키기 위해 노력한다면 여러분은 더 멋진 사람이 될 거예요. 그리고 다른 사람에게도 믿음을 얻을 수 있답니다.

바른 습관과 정직함은 작은 순간, 아무도 모를 때 하는 행동들이 모여 자라나는 거예요. 양심에 따라 행동하는 용기는 아무도 보지 않을 때 더욱 빛나며, 그 정직함은 결국 존경으로 돌아온다는 것을 잊지 마세요.

 따라 쓰며 마음을 챙겨요

푸른 하늘의 태양처럼 밝게 빛나는 절개(마음과 행동)는 어두운 방 안의 구석진 곳에서 길러진다. - 채근담

푸른 하늘의 태양처럼 밝게 빛나는 절개(마음과 행동)는 어두운 방 안의 구석진 곳에서 길러진다. - 채근담

미워하는 마음이 계속 남아 있어요

 삐용삐용 마음 빨간불

    준서와 태훈이는 원래 아주 친한 친구였어요. 같이 축구도 하고 학교 끝나고 집에 갈 때도 같이 가는 사이였어요.

    어느 날 준서가 이야기하고 있을 때 태훈이가 중간에 말을 끊고 "그건 좀 아닌 것 같아!" 하고 자기 의견을 말했어요. 당황한 준서는 얼굴이 빨개졌고 말문이 막혀 버렸어요. 태훈이는 곧바로 사과했어요. 하지만 준서의 마음은 풀리지 않았어요.

    며칠이 지났고, 친구들은 다시 일상으로 돌아갔지만 준서는 마음속에 그 일을 계속 담아 두고 있었어요. 태훈이가 다가와서 놀자고 해도 시큰둥한 표정을 지으며 거절했어요. 그 후로 태훈이는 준서에게 말도 잘 걸지 않게 되었고, 둘 사이엔 어색한 침묵이 이어졌어요.

 **선생님의 마음 도움**

여러분도 친구에게 잘못된 행동을 한 적이 있나요? 우리 모두 실수할 수 있어요. 그리고 다른 사람도 나에게 실수할 수 있어요. 실수하는 상황보다 더 중요한 것은 그 다음이에요. 사과한다는 것은 아주 큰 용기가 필요한 일이거든요. 누군가 나에게 용기를 내서 사과했는데 내가 그 말을 듣고도 계속 원망과 미움을 간직하고 마음을 풀지 않는다면 상대방의 마음은 어떨까요? 아마 나에게 마음의 문을 닫을 거예요.

마음속에 원망과 미움을 오래 담아 두면 내 마음이 점점 무거워져요. 용서는 상대를 위해서 하는 것이 아니라 나를 위해 하는 것이랍니다. 남의 잘못은 빨리 잊고 받은 은혜는 오래 기억하는 마음 넓고 깊은 사람이 되어요.

 따라 쓰며 마음을 챙겨요

내가 베푼 공과 남에 대한 원망은 잊어버리고, 나의 잘못과 남이 내게 베푼 은혜는 잊지 말고 마음속 깊이 새겨라. - 채근담

내가 베푼 공과 남에 대한 원망은 잊어버리고, 나의 잘못과 남이 내게 베푼 은혜는 잊지 말고 마음속 깊이 새겨라. - 채근담

불안이 만든 선택

 삐용삐용 마음 빨간불

민준이는 시험을 보고 있었습니다. 문제를 푸는데 답이 도저히 생각이 안 났어요. 그러자 갑자기 마음이 불안해졌어요.

'이번 시험 망치면 어떡하지?'

'엄마가 화내면 어떡하지?'

이런 생각들이 머릿속에 가득 찼습니다.

갑자기 옆에 있던 승윤이의 시험지가 눈에 들어왔어요.

시험을 볼 때 다른 친구 답을 보면 안 되는 걸 알면서도 공부를 잘해서 칭찬받는 승윤이의 답을 보고 싶은 마음이 들었습니다. 결국 승윤이의 답을 보고 답안지의 빈칸에 답을 적었어요.

 **선생님의 마음 도움**

마음이 급해지거나 불안하면 우리의 머릿속은 뒤죽박죽 엉망이 돼요. 그래서 평소와 다르게 이상한 판단을 하기도 하고 잘못된 말이나 행동을 하기도 해요. 눈을 가리고 길을 가는 것과 같은 모습이죠.

마음과 생각과 행동은 연결되어 있답니다. 우리가 나중에 후회하지 않을 좋은 말과 바른 행동을 하기 위해서는 생각이 바로 세워져야 해요. 또 생각을 바로 하려면 마음이 평화로워야 해요. 고요한 마음 상태일 때 상황을 또렷한 눈으로 바라볼 수 있고 정확히 파악하고 행동할 수 있답니다. 잔잔한 호수처럼 평안한 마음을 가지기 위해 노력합시다.

 따라 쓰며 마음을 챙겨요

마음을 안정시켜 사물을 만나면 비록 글을 읽지 않아도 덕이 있는 군자가 될 수 있다. - 명심보감

마음을 안정시켜 사물을 만나면 비록 글을 읽지 않아도 덕이 있는 군자가 될 수 있다. - 명심보감

3장
타인을 이해하고 배려해요

우리는 혼자서 살아갈 수 없어요.
가족, 친구, 이웃과 함께 살아가야 해요.
다른 사람들과 잘 지내려면
나와 다른 생각과 마음을 이해하고 배려해야 해요.
어울려 살아가기 위한 방법을 하나씩 익혀 볼까요?

마음이 급해져 친구를 재촉했어요

 삐용삐용 마음 빨간불

진희는 모둠 친구들과 미술 시간에 협동화를 그리고 있었어요. 큰 그림 한 장을 똑같이 네 개로 잘라 나누어 맡았고, 각자 한 장씩 해서 붙이기로 했어요. 선생님께서 다 한 사람은 자유롭게 그림을 그려도 된다고 하셨어요. 진희는 그림 그리기를 너무 좋아해요. 그래서 빨리 협동화를 끝내고 자유 그림을 그리고 싶었어요.

진희는 자기가 맡은 그림을 완성했어요. 그런데 영민이는 반도 못 했더라고요.
"야, 왜 이렇게 느려? 아, 답답해. 빨리 해야 모둠 그림을 붙이지."
그 말을 들은 영민이의 표정이 갑자기 어두워지면서 안 좋아졌어요.
진희는 갑자기 자기가 한 말이 후회되었어요.

 **선생님의 마음 도움**

자기가 잘하는 걸 다른 친구가 못할 때 무시하거나 비난하는 친구가 있어요. 사람마다 속도가 다르고 잘하는 것이 다른데, 자기가 조금 더 잘하고 빨리 할 수 있다고 해서 다른 친구를 재촉하거나 무시하면 안 돼요. 여러분의 말이 친구를 속상하게 하고 상처를 주거든요.

우리 모두 소중하고 존중받아야 하는 존재예요. 내가 조금 빠를 때 뒤에 있는 친구를 다정하게 끌어 주고 응원해 줄 수 있는 마음 넓은 사람이 되면 좋겠어요. 여러분의 배려하는 말과 행동이 누군가에게 힘이 될 수 있어요. 그리고 그 베풂이 다시 여러분에게 행복과 뿌듯함으로 돌아올 거예요.

 따라 쓰며 마음을 챙겨요

자기를 귀하게 여겨 남을 천하게 여기지 말고, 자기를 크게 여겨 작은 이를 무시하지 말라. - 명심보감

자기를 귀하게 여겨 남을 천하게 여기지 말고, 자기를 크게 여겨 작은 이를 무시하지 말라. - 명심보감

이기고 싶었을 뿐인데

 삐용삐용 마음 빨간불

    체육 시간에 팀을 나눠 줄넘기 시합을 했어요. 승부욕이 강한 장현이는 친구들에게 큰 소리로 말했어요.
    "꼭 이겨야 돼! 지면 안 돼!"
    그런데 시합 중 친구 한 명이 실수했어요. 장현이는 짜증을 내며 소리 질렀어요.
    "아, 왜 그랬어! 너 때문에 졌잖아!"
    장현이는 수업 시간에 경쟁이 있을 때마다 잘 못하는 친구나 실수한 친구에게 짜증을 내고 잘못을 탓했어요.
    그 이후 친구들은 장현이와 같은 팀이 되는 걸 꺼려했어요. 짝을 정할 때도 장현이는 외롭게 혼자 앉아 있었어요.

 **선생님의 마음 도움**

게임할 때 이기고 싶은 마음은 누구나 있어요. 선생님도 게임을 하거나 운동할 때 이기고 싶은 마음이 생겨서 엄청 열심히 참여하거든요.

근데 모든 게임을 이길 수는 없어요. 실력에 따라, 운에 따라 이길 때도 있고 질 때도 있는 거예요. 그런데 질 때마다 화를 내고 짜증을 내는 아이들이 있어요. 주변의 다른 친구들은 그런 모습을 보며 불편한 마음을 가져요. 나를 불편하게 하는 친구를 가까이 하진 않겠지요?

지나치게 욕심을 부리고 이기고 싶어하는 친구에게는 사람이 모이지 않아요. 승부보다는 친구들과 함께 활동하는 것에서 기쁨과 만족을 느끼는 사람이 됩시다.

 따라 쓰며 마음을 챙겨요

자신을 낮추는 사람은 중요한 자리에 오를 수 있고, 이기기를 좋아하는 사람은 반드시 적을 만난다.
- 명심보감

자신을 낮추는 사람은 중요한 자리에 오를 수 있고, 이기기를 좋아하는 사람은 반드시 적을 만난다.
- 명심보감

웃음 뒤의 후회

 삐용삐용 마음 빨간불

　점심시간, 급식으로 김치볶음밥이 나왔어요. 소현이는 평소에 김치를 잘 먹지 않아서 조심스럽게 골라내서 한쪽으로 치웠어요.
　그 모습을 본 준호가 놀리며 말했어요.
　"야, 그걸 왜 빼? 김치도 못 먹어? 유치원생 같아!"
　주변 친구들도 웃었고, 소현이는 얼굴이 빨개졌어요. 소현이는 기분이 상했어요.
　며칠 뒤 급식에 가지볶음이 나왔어요. 이번엔 준호가 가지를 젓가락으로 골라내서 옆으로 치웠어요.
　그때 문득 준호는 자신이 며칠 전에 소현이에게 했던 행동이 떠올랐어요. 소현이를 놀렸던 것이 미안하고 부끄러웠어요.

 ### 선생님의 마음 도움

친구가 내가 싫어하는 것을 하라고 시키면 여러분 마음은 어떨까요? 또 내가 좋아하는 것을 무시하면 마음이 어떨까요?

사람은 누구나 자신만의 방식이 있고 그것이 존중받기를 원해요. 모두 같은 마음이기 때문에 나와 다르다고 해도 무시하거나 이상하다고 생각하면 안돼요. 우리 모두 소중한 존재입니다. 행동하기 전에 다른 사람의 입장에서 생각하는 습관을 들입시다.

 따라 쓰며 마음을 챙겨요

자신이 원하지 않는 일은 남에게도 시키지 말아야 한다. - 논어

자신이 원하지 않는 일은 남에게도 시키지 말아야 한다. - 논어

할머니의 걱정

 삐용삐용 마음 빨간불

하율이는 할머니 댁에 놀러 갔어요. 하율이는 밥을 먹고 나서 동생과 함께 평소에 하던 스마트폰 게임을 했어요.

할머니는 걱정스러운 표정으로 말씀하셨어요.

"하율아, 눈 나빠지니까 스마트폰은 조금만 보자. 예전엔 밖에 나가 뛰어 놀고 서로 이야기도 많이 하며 놀았는데 요즘 아이들은 스마트폰을 너무 많이 해서 걱정이야."

그 말을 들은 소율이는 퉁명스럽게 말했어요.

"요즘은 다 그렇게 해요. 옛날이랑 달라요."

할머니는 웃으셨지만 표정이 조금 쓸쓸해 보였어요.

 **선생님의 마음 도움**

어른들의 말이 잔소리로 들릴 때가 있을 거예요. '왜 어른들은 우리를 이해하지 못하지?'라고 생각하진 않나요? 요즘 아이들을 잘 이해하지 못하는 것 같고 옛날 방식과 생각을 우리에게 이야기하는 것이 못마땅할 수도 있어요. 그래서 요즘 '꼰대'라는 말도 쓰이는 것 같아요.

그런데 지나 보면 어른들이 하는 말씀에 이유가 있다는 것을 알게 될 거예요. 어른들은 우리보다 더 경험을 많이 하신 분들이에요. 그분들은 배우고 느낀 것을 여러분에게 알려 주고 싶은 거예요. 어른들의 지혜와 노하우를 배우려는 자세를 가진다면 여러분은 한층 더 빠르게 성장할 거예요.

 따라 쓰며 마음을 챙겨요

그대에게 권하노니, 늙은 사람의 말을 공경하여 받들고 어린 입으로 길고 짧음을 다투지 말라. - 명심보감

그대에게 권하노니, 늙은 사람의 말을 공경하여 받들고 어린 입으로 길고 짧음을 다투지 말라. - 명심보감

좋은 말만 듣고 싶어요

 삐용삐용 마음 빨간불

소라는 학교 방송반 아나운서예요. 대본 준비와 방송을 위해 매일 아침 연습을 했어요. 친구 정빈이는 소라에게 늘 이렇게 말해 주었어요.
"우아, 너 진짜 잘한다! 완전 최고야! 고칠 데가 없겠네!"
그 말에 소라는 스스로 만족스러웠고, 칭찬해 주는 정빈이가 제일 좋은 친구처럼 여겨졌어요.
그때 채현이가 다가와 조심스럽게 말했어요.
"소라야, 잘했지만 발음이 조금 더 정확하면 좋겠어. 내용도 조금만 다듬으면 좋을 것 같아."
소라는 자신의 부족한 부분을 이야기하는 채현이에게 기분이 나빴어요.

 **선생님의 마음 도움**

다른 사람이 나에게 부족한 부분을 이야기하면 기분이 나쁠 때가 있어요. 모든 사람이 나의 좋은 점을 보고 잘했다고 인정해 주면 좋겠다는 마음이 있기 때문이에요. 그래서 우리가 듣고 싶은 말을 해주는 사람을 좋게 보고 내 편인 것처럼 여기기도 해요.

그런데 진짜 여러분 편은 달콤한 말을 해주는 사람이 아닙니다. 여러분에게 필요한 것을 알려 주고 부족한 부분을 채워 주기 위해 쓴소리를 하는 사람이에요. 달콤한 말에만 귀 기울이면 나를 제대로 돌아보기 어려워요. 이유 없는 비난이나 공격을 하는 것이 아니라 나를 진정으로 걱정하는 사람이 있다면 '진짜 내 편'이니 소중히 여기고 그 사람의 말에 귀 기울여 보세요.

 따라 쓰며 마음을 챙겨요

나의 장점을 말하는 자는 곧 내게 해로운 사람이고 나의 단점을 말하는 자는 곧 나의 스승이다. - 명심보감

나의 장점을 말하는 자는 곧 내게 해로운 사람이고 나의 단점을 말하는 자는 곧 나의 스승이다. - 명심보감

꼬리에 꼬리를 무는 말

 삐용삐용 마음 빨간불

반에서 인기가 많은 화윤이는 어느 날 쉬는 시간에 친구 유영이에게 말했어요.
"너 들었어? 용재가 지난번 그림 대회에서 상 받은 거 학원에서 선생님이 그려 준 거래!"
유영이는 놀라서 "정말?"이라고 말하며 또 다른 친구들에게 그 이야기를 전했어요.
재진이는 그 얘기를 들은 뒤 곧바로 용재에게 물었어요.
"너 지난번 그림 대회에서 상 받은 거 학원에서 선생님이 다 그려 주신 거야?"
용재는 얼굴이 빨개져서 말했어요.
"그런 말 누가 했어? 나 혼자 열심히 그린 거야."
결국 확실하지 않은 말이 친구에게 상처를 주고 말았어요.

 ### 선생님의 마음 도움

말은 보이지 않아 별거 아닌 것 같지만 강력한 힘을 가지고 있어요. 그럼에도 우리는 남에 대한 이야기를 쉽게 하곤 해요. 또 친구에게 들은 이야기를 확인도 해보지 않고 다른 친구에게 그대로 전해요. 그 말을 들은 친구는 어떤 마음이 들까요? 우리가 누군가에게 들은 말을 다른 사람에게 그냥 전할 때, 그 말이 정말 사실인지 아닌지 확인하지 않으면 크게 상처를 줄 수 있어요.

누군가에게 들은 것에 대해 말할 때, '이 말이 사실일까?', '이 말이 전해지면 친구는 어떤 기분일까?', '이 말을 굳이 해야 할까?'에 대해 고민해 보세요. 말을 아끼고 신중히 한다면 친구들에게 믿음을 쌓을 수 있을 거예요.

 ### 따라 쓰며 마음을 챙겨요

길에서 듣고서는 그것을 그대로 길에서 말하는 것은 덕을 버리는 것이다. -논어

길에서 듣고서는 그것을 그대로 길에서 말하는 것은 덕을 버리는 것이다. -논어

찬물을 끼얹은 말 한마디

 삐용삐용 마음 빨간불

수학 시간이었어요. 모두가 조용히 문제를 풀고 있었어요. 그런데 갑자기 서진이가 큰 소리로 말했어요.

"아 배고파. 오늘 점심때 마라탕 나온다!"

갑자기 친구들은 점심 메뉴 이야기를 하느라 시끄러워졌고 공부 분위기는 와장창 깨져 버렸어요.

선생님께서 말씀하셨어요.

"지금은 수학 시간이에요. 점심 메뉴 이야기는 쉬는 시간에 하고 조용히 문제 푸세요."

친구들이 서진이를 슬쩍 쳐다봤어요. 서진이는 얼굴이 붉어졌어요.

 **선생님의 마음 도움**

수업 시간에 갑자기 뜬금없이 점심 메뉴나 어제 한 일에 대해 이야기하는 친구들이 있어요. 그래서 수업 흐름이 뚝 끊기거나 분위기가 흐려지곤 해요. 말을 하기 전에 '지금 이 말이 꼭 필요한 말일까?', '이 말을 하면 다른 사람에게 방해가 되진 않을까?'에 대해 한 번쯤 생각해 봐야 해요. 그게 바로 '배려'입니다.

말의 내용도 중요하지만 말을 언제 하는지, 어디에서 하는지도 중요해요. 상황에 맞지 않는 말이라면 아무리 좋은 말도 분위기를 흐리는 말이 되어 버려요. 내 말이 주변에 어떤 영향을 줄 수 있을지 생각하고 신중하게 말하는 자세를 가져 보세요.

 따라 쓰며 마음을 챙겨요

이치에 맞지 않는 말을 하려면 차라리 말하지 않는 것이 낫다. - 명심보감

이치에 맞지 않는 말을 하려면 차라리 말하지 않는 것이 낫다. - 명심보감

별명 부르는 친구는 싫어요!

 삐용삐용 마음 빨간불

　영찬이는 재영이에게 한 달 전부터 화가 나 있어요. 수업 시간에 좋아하는 음식을 말하는데 영찬이는 '김치'라고 말했어요. 그랬더니 그때부터 재영이가 영찬이에게 '배추김치'라는 별명을 붙여서 놀렸거든요. 하필이면 영찬이의 성이 "배"씨였기 때문이에요. 재영이가 별명을 부르면 주변에 있던 친구들이 막 웃어서 영찬이는 더 기분이 나빴어요.

　어느 날 영찬이는 너무 화가 나서 눈물이 찔끔 나왔어요. 그래서 재영이에게 하지 말라고 화를 냈어요. 재영이는 장난이었다면서 영찬이에게 사과했어요. 하지만 영찬이는 기분 나쁜 마음이 풀리지 않았어요.

 **선생님의 마음 도움**

장난이 지나치면 상대방의 기분을 상하게 할 수 있어요. 우리는 쉽게 장난이라고 말하지만, 사실 그걸 받아들이는 사람이 기분 나쁘면 장난이 아닌 것이 되거든요. 누군가 나에게 하는 장난이 기분 나쁘다면, 괴로움을 견디지 말고 솔직히 털어놓아야 해요. 친구는 기분 나쁜 것을 모르고 계속 할 수 있어요.

친구가 잘못해서 사과했을 때 잘 안 받아들여질 때가 있어요. 용서해야 할 때 조금 더 너그러운 마음이 되면 어떨까요? 내 잘못은 스스로 엄격하게 돌아보고 남의 잘못과 실수는 이해와 사랑으로 감싸준다면 더 따뜻한 관계가 될 거예요.

 따라 쓰며 마음을 챙겨요

남을 꾸짖는 마음으로 나를 꾸짖고, 나를 용서하는 마음으로 남을 용서하라. - 명심보감

남을 꾸짖는 마음으로 나를 꾸짖고, 나를 용서하는 마음으로 남을 용서하라. - 명심보감

내가 하고 싶은 걸 친구도 원해요

 삐용삐용 마음 빨간불

채린이네 반은 다음 주에 학급 임원선거가 있어요. 학교가 끝나고 집에 오면서 채린이와 새온이는 분식집에 갔어요. 새온이가 말했어요.

"채린아, 나 사실 반장선거에 나가고 싶은데…… 애들이 날 뽑아 줄지 모르겠어."

새온이는 반에서 조용한 편이라 드러나진 않았지만 뭐든지 꾸준히 열심히 하는 아이였어요. 그리고 뒤에서 친구들을 많이 도왔어요. 그걸 알면서도 채린이는 자신도 반장이 되고 싶었기에 뭐라고 이야기해야 할지 조금 고민이 되었어요. 하지만 마음을 다잡고 말했어요.

"사실 나도 반장 하고 싶었는데…… 네가 반장이 되면 우리 반이 더 좋아질 것 같아. 이번에 네가 선거 나가는 거 도와줄게!"

 **선생님의 마음 도움**

여러분은 자신이 하고 싶은 것을 친구도 하고 싶어할 때 어떻게 하나요? 내가 하고 싶으니 친구를 제치고 밀고 나갔나요? 아니면 친구와 함께할 방법을 찾아보았나요?

서로 같은 꿈을 가졌을 때 내가 하고 싶은 마음과 친구를 응원해 주고 싶은 마음이 부딪힐 수 있어요. 이럴 때 자신이 하고 싶은 마음을 내려놓고 친구를 먼저 돕는 선택을 하는 것은 쉬운 일이 아니에요. 큰 용기와 배려심이 필요한 일이죠. 나와 친구를 경쟁 상대로만 생각하지 마세요. 친구와 내가 모두 성장하고 이길 수 있는 방법을 생각해 보면 어떨까요? 함께 잘되고, 함께 성장하려 노력하는 선한 사람이 되길 응원합니다.

 따라 쓰며 마음을 챙겨요

지혜로운 사람은 자신이 서고 싶은 곳에 남을 내세우고, 자신이 도달하고자 하는 곳에 남을 도달하게 한다. - 논어

지혜로운 사람은 자신이 서고 싶은 곳에 남을 내세우고, 자신이 도달하고자 하는 곳에 남을 도달하게 한다. - 논어

회장은 어려워

 삐용삐용 마음 빨간불

　학급 임원 선거에서 회장 후보로 준범이와 예영이가 올라왔어요. 준범이는 장난꾸러기지만 씩씩하게 말을 잘하는 아이였어요. 예영이는 그림을 잘 그리고 공부도 잘하지만 부끄러움이 많은 아이였지요. 투표 결과 준범이가 표를 더 많이 받아 회장이 되었어요.

　어느 날 아침 시간에 선생님이 독서를 하라고 하셨는데 아이들이 많이 떠들고 장난을 쳤어요. 그래서 회장인 준범이가 떠들지 말라고 이야기했어요.

　"야, 네가 뭔데 그래?"

　"너나 떠들지 마!"

　준범이는 그 말을 들으니 속상하고 기분이 안 좋았어요.

 **선생님의 마음 도움**

우리가 신중히 누군가를 선택해야 할 때가 있어요. 학급 임원 선거나 전교 임원 선거를 할 때가 그런 경우예요. 또 모둠에서 친구들끼리 역할을 정할 때, 자유롭게 친구들끼리 어떤 일을 하면서 역할을 정할 때에도 누군가를 선택하게 돼요.

선택할 땐 그 상황과 역할에 맞는 친구를 선택하기 위해 아주 신중해야 해요. 우리의 선택에는 늘 책임이 따르기 때문에 장난으로 정하면 안 돼요. 깊이 고민하고 한 선택이라면 그 친구가 중간에 실수하더라도 그 친구의 능력과 마음을 믿고 기다려 줄 줄 알아야 해요. 그게 진짜 친구의 자세이자 나의 선택에 대한 책임의 자세랍니다.

 따라 쓰며 마음을 챙겨요

의심스러운 사람은 쓰지 말고, 일단 쓴 사람은 의심하지 말라. - 명심보감

의심스러운 사람은 쓰지 말고, 일단 쓴 사람은 의심하지 말라. - 명심보감

소문의 진실

 삐용삐용 마음 빨간불

"수진이 저번 학교에서 학교 폭력 사건이 있어서 전학 온 거래."
"수진이가 친구를 왕따시켰다고 하던데?"

친구들이 소민이에게 수진이에 대해 이야기했어요. 소민이는 일주일 전에 전학 온 수진이와 짝이에요. 소민이는 수진이에 대한 이야기를 들으니 수진이와 절대 가까이 지내면 안 되겠다는 생각이 들었어요. 그래서 수진이를 멀리했어요.

그런데 일주일, 이 주일 지나면서 소민이는 의문이 들었어요. 수진이는 부끄러움이 많아서 친구에게 먼저 다가가기 어려워하고 조용한 아이였거든요. 그리고 다른 사람을 배려하면서 말하는 친구였어요. 친구들이 수진이에 대해 한 말이 맞는 말일까요?

선생님의 마음 도움

소문이라는 건 참 무서운 것 같아요. 우리가 누군가를 보고 경험하는 것보다 더 빠르게 전달되어 우리의 생각을 결정하거든요. 게다가 내가 가진 생각을 쉽게 바꾸기도 해요. 친구에 대해 좋게 생각했는데 다른 친구들의 뒷담화를 듣고 '내가 잘못 봤구나.'라고 바로 생각을 바꾸는 경우가 많아요.

뒤에서 친구들이 다른 친구에 대해 이야기할 땐 모두 믿으면 안 돼요. 말이라는 것은 전해지다 보면 달라지고 살이 붙기도 해요. 그리고 정작 그 말을 하는 친구들도 직접 보거나 경험한 것이 아니라 누군가에게 들은 근거 없는 이야기를 할 수 있어요. 직접 보고 경험한 것이 아니라면 절대 쉽게 믿지 마세요.

따라 쓰며 마음을 챙겨요

눈으로 직접 보고 경험한 일도 진실이 아닐까 두려운데 뒤에서 하는 말을 어찌 믿겠는가. - 명심보감

눈으로 직접 보고 경험한 일도 진실이 아닐까 두려운데 뒤에서 하는 말을 어찌 믿겠는가. - 명심보감

진실은 언젠가 드러날 거야

 삐용삐용 마음 빨간불

교실에서 누군가 축구공을 잃어버렸다는 이야기가 나왔어요.
"나 준서가 가져가는 거 본 거 같아!"
태경이가 말하자 모두가 준서를 의심하기 시작했어요.
"분명 준서가 가져갔을 거야!"
뒤늦게 교실에 들어온 준서는 자신을 의심하는 친구들의 말에 너무 억울했어요. 그래서 의심하는 친구들에게 아니라고 말하고 화내고 싶었지만 언젠가 밝혀지겠지 하는 생각이 들어 그냥 참았습니다.
며칠 후, 공은 다른 반에서 실수로 가져간 것이었다는 게 밝혀졌어요. 준서를 의심했던 친구들은 준서에게 미안했어요.

선생님의 마음 도움

누군가를 둘러싼 말, 험담이나 오해는 우리 주변에서 늘 일어날 수 있어요. 그런데 그런 말을 듣고 모두 믿고 반응하면 우리 마음도 금세 흔들려 버리게 돼요. 누군가 나에게 상처 주는 말을 했을 때 우리 마음속에서는 바로 따지고 싶고 똑같은 말로 되갚아 주고 싶어질 수 있어요. 하지만 침묵이 말보다 강할 때가 있답니다. 그냥 못들은 것처럼 흘려 버리면 자연히 사라지기도 합니다. 어떤 말을 받아들일지 말지는 내가 선택할 수 있는 거예요. 어떤 말은 받아들이지 않기를 선택할 때 마음이 편해질 수 있어요. 반응하지 않는 것은 바보 같고 소극적인 것이 아니라 오히려 '나를 지킨다'는 더 깊은 의도를 가진 행동일 수 있답니다.

따라 쓰며 마음을 챙겨요

옳고 그름의 시비가 종일토록 있을지라도 듣지 않으면 자연스럽게 없어진다. - 명심보감

옳고 그름의 시비가 종일토록 있을지라도 듣지 않으면 자연스럽게 없어진다. - 명심보감

험담의 늪에 빠졌어요

 삐용삐용 마음 빨간불

윤진이는 쉬는 시간에 친구들과 화장실을 같이 갔어요. 화장실에서 볼일을 보고 나가려고 하니 미성이가 친구 험담을 시작했어요. 그 이후로도 화장실을 같이 가는 친구들은 매 시간마다 화장실에 갔고 그곳에서 다른 친구 험담을 했어요. 처음에는 친구들과 이야기를 나누고 비밀을 공유하는 것 같아 윤진이도 적극적으로 참여했는데 집에 와서 생각해 보면 자꾸 마음이 불편하고 찝찝했어요.

윤진이는 친구들 험담을 하는 친구들과 대화할 때 어떻게 하면 좋을지 고민이 되었어요. 화장실에 같이 안 가고 싶은 마음이 들면서도 한편으로는 내가 없으면 내 욕을 할 것 같아 불안했어요.

 **선생님의 마음 도움**

누가 옳다, 그르다, 쟤는 이렇다, 저렇다 하는 말을 많이 하는 친구가 가끔 있어요. 친구의 단점과 실수에 대해 이야기하는 것을 즐기는 것입니다.

이런 아이들의 말이 계속 들리더라도 그런 말은 필요하지 않은 말이니 굳이 듣지 않아도 돼요. 게다가 그런 말은 우리가 반응할 때 더 힘을 얻어 커지기 때문에 그런 대화에 적극적으로 참여하면 안 돼요. 친구를 욕하는 친구라면 나도 욕할 수 있는 친구이니 가까이 하지 않는 것이 좋아요.

대화를 할 때 중심을 지킬 수 있는 용기와 치우치지 않도록 판단하는 능력을 가집시다.

 따라 쓰며 마음을 챙겨요

악한 사람이 선한 사람을 욕하거든 선한 사람은 아예 대꾸도 하지 마라. 대꾸를 하지 않으면 마음이 맑고 편안하다. - 명심보감

악한 사람이 선한 사람을 욕하거든 선한 사람은 아예 대꾸도 하지 마라. 대꾸를 하지 않으면 마음이 맑고 편안하다. - 명심보감

웃고 난 뒤 찾아온 미안함

 삐용삐용 마음 빨간불

선생님께서 스마트폰의 올바른 사용 방법에 대해 말씀하셨어요. 스마트폰이 유익한 면이 많지만 너무 오래 사용하거나 잘못 사용하면 안 좋은 도구라는 점을 배웠어요. 쉬는 시간이 되자 준빈이가 말했어요.

"우리 엄마는 스마트폰 게임 엄청 오래 하는데……."

그러자 소진이가 말했어요.

"우리 아빠도 나한테 동영상 너무 많이 보지 말라고 하면서 아빠가 계속 보던데."

친구들은 준빈이와 소진이의 말에 웃음을 터트렸어요.

준빈이와 소진이는 처음엔 같이 웃었지만 집에 오는 길에 괜히 마음이 찜찜했어요. 엄마, 아빠한테 죄송스러운 생각이 들었거든요.

 **선생님의 마음 도움**

교실에서 가끔 부모님을 깎아 내리는 말을 하는 친구들이 있어요. 부모님의 부족한 점을 친구들에게 이야기하는 건 잠깐의 웃음을 줄 수는 있지만 결국 나에게 해가 될 수 있어요. 가족은 서로를 감싸주고 이해하며, 실수했을 때 허물을 덮어 줄 수 있는 관계여야 해요.

그렇다고 가족에 대해 너무 자랑하는 것도 좋은 것이 아니에요. 부모님이 자녀를 너무 자랑해도 아이에겐 부담이 될 수 있고, 자녀가 부모님 자랑을 지나치게 해도 겸손한 모습이 아니거든요. 가족에 대한 칭찬이나 걱정 모두 너무 지나치지 않게 적절히 나누어야 합니다.

 따라 쓰며 마음을 챙겨요

아버지는 아들의 덕을 말하지 말 것이며, 자식은 아버지의 허물을 말하지 말라. - 명심보감

아버지는 아들의 덕을 말하지 말 것이며, 자식은 아버지의 허물을 말하지 말라. - 명심보감

피구도 못하고 싸움만 했어요

 삐용삐용 마음 빨간불

점심시간에 성근이네 반 친구들은 피구 게임을 하기로 했어요. 그런데 성근이네 반 인원이 홀수라 두 팀 중 한 팀에 한 명이 더 들어가게 되었어요.
"우리가 한 명 적어서 불리해."
인원이 적은 팀은 불만이었어요.
"그래도 너희 팀에 잘하는 애들이 다 몰렸잖아."
인원이 많은 팀은 잘하는 애들이 적다고 불만이었어요. 두 팀은 피구 게임은 시작도 못한 채 서로 티격태격했고 분위기가 싸해졌어요.
그때 성근이가 손을 들고 말했어요.
"나 안 해도 괜찮아. 오늘은 그냥 심판할게."

 ### 선생님의 마음 도움

남보다 더 많이 가지고 더 많이 차지하는 것에 행복을 느끼는 사람이 많아요. 내가 하고 싶은 것을 다른 사람에게 양보하는 것을 지는 것처럼 여길 수도 있어요. 하지만 양보는 지거나 포기하는 것이 아니라, 관계를 지키고 자신을 더 멋지게 키우는 방법이에요. 양보하는 여러분의 모습을 보는 주변 사람들은 여러분을 더 크고 멋진 사람으로 생각할 거예요.

한 걸음 물러서는 것은 상황을 더 평화롭게 만드는 힘이 되기도 해요. 전체를 살피고 공감과 배려의 가치를 실천한다면 친구들과의 관계가 더 깊어질 수 있어요. '지는 것이 이기는 것이다'의 의미를 마음에 새깁시다.

 ### 따라 쓰며 마음을 챙겨요

세상을 살면서 한 걸음 양보하면 나를 높일 수 있으니, 한걸음 물러서는 것은 곧 한 걸음 앞으로 나아갈 수 있는 바탕이 된다. - 채근담

세상을 살면서 한 걸음 양보하면 나를 높일 수 있으니, 한걸음 물러서는 것은 곧 한 걸음 앞으로 나아갈 수 있는 바탕이 된다. - 채근담

팀에 끼기 어려운 호준이

 삐용삐용 마음 빨간불

　체육 시간에 팀을 나눠 배드민턴 시합을 하게 되었어요. 아이들은 친한 친구들과 같은 팀을 하기 위해 신나게 이야기를 나누고 있었어요. 그런데 호준이는 친한 친구가 없어 팀을 구하지 못했어요. 호준이는 어찌할 바를 몰라 얼굴이 빨개진 채 서 있었어요.

　그런 호준이를 보고도 아이들은 못 본 척하고 자기 팀 정하기 바빴어요. 이때 해담이가 말했어요.

　"내가 호준이랑 한 팀 할게."

　그러자 몇몇 친구들이 "어? 굳이 왜?"라고 말했지만 해담이는 조용히 호준이에게 다가가 같은 팀을 하자고 했어요. 그리고 함께 배드민턴 연습을 시작했어요.

 **선생님의 마음 도움**

주변 친구들 가운데 무리를 짓고 편 가르는 친구들이 가끔 있을 거예요. 자신이 어딘가에 소속되어 있어야 마음이 편안하고 안정감을 느끼는 아이들은 무리 이외의 다른 친구들과 두루 어울리려 하지 않고 싸움도 잦아요. 그런 친구가 학급에 있으면 소외되는 친구들이 생기곤 해요. 이런 아이들은 스스로에 대한 자신감이 부족한 사람일 가능성이 커요.

진짜 멋진 아이는 자신에 대한 자존감이 높고 다른 친구들과 조화롭게 어울려 잘 지내요 그리고 무리를 지어 다른 친구들을 편가르기 하지 않고 모두 품을 수 있는 마음의 여유가 있어요. 그런 멋진 아이가 되고 싶지 않나요?

 따라 쓰며 마음을 챙겨요

군자는 스스로 자랑스럽게 여기되 다른 사람과 다투지 않으며, 친구들과 어울리되 편을 가르지 않는다.
- 논어

군자는 스스로 자랑스럽게 여기되 다른 사람과 다투지 않으며, 친구들과 어울리되 편을 가르지 않는다.
- 논어

말할까? 모른 척할까?

 삐용삐용 마음 빨간불

민선이는 주윤이와 늘 사이가 좋았어요. 그런데 주윤이가 유영이를 놀리는 걸 보게 되었어요. 처음엔 친구끼리 서로의 잘못에 대해 이야기하면 주윤이와 사이가 멀어질 것 같아 못 본 척 그냥 넘겼어요. 그런데 여러 번 그런 모습을 보니 마음이 너무 불편했어요.

어느 날, 주윤이가 유영이를 또 놀렸어요. 민선이는 용기를 내어 말했어요.

"그렇게 말하면 유영이가 속상할 수 있어."

주윤이는 처음엔 기분이 상한 것 같았지만 나중엔 "고마워. 내가 잘못한 거 같아."라며 사과했습니다.

 **선생님의 마음 도움**

친구를 아끼는 마음을 가지고 친구와 좋은 관계를 유지하기 위해 노력하는 것은 참 좋은 태도예요. 하지만 친구의 옳지 못한 행동을 봤을 땐 어떻게 해야 할까요?

친구와의 관계 때문에 친구의 행동을 눈감아 주거나 같이 하는 경우가 많은데 절대 그러면 안 돼요. 친구의 옳지 못한 행동에 대해 부드럽지만 강하게 말해 줄 수 있는 용기를 가져야 해요. 진짜 친구는 그런 말을 해줄 수 있는 친구랍니다. 따뜻하지만 필요한 순간에 결단력 있는 태도로 말할 수 있는 친구 관계가 진짜 바람직하고 건강한 거예요. 여러분 곁에 그런 친구가 있나요?

 따라 쓰며 마음을 챙겨요

청렴하면서 너그럽고, 어질면서도 결단력이 있으며, 총명하면서도 지나치게 따지지 않고, 강직하면서도 고집스럽지 않게 하라. - 채근담

청렴하면서 너그럽고, 어질면서도 결단력이 있으며, 총명하면서도 지나치게 따지지 않고, 강직하면서도 고집스럽지 않게 하라. - 채근담

자세히 살펴야 알 수 있어요

 삐용삐용 마음 빨간불

　지수는 수업 시간에 말이 없고, 쉬는 시간에도 혼자 있었어요. 친구들은 "쟨 왜 저렇게 말이 없지?" 하며 수군댔어요. 지수는 수업 시간에 발표를 전혀 하지 않았고, 모둠 활동을 할 때도 친구들의 이야기를 조용히 들을 뿐 자기 생각을 말하지 않았어요. 친구들은 그런 지수를 답답해하기도 하고 무시하기도 했어요.

　그러던 어느 날, 민선이는 점심시간에 지수가 누군가의 책상 서랍에 조용히 과자를 넣는 모습을 보았어요. 그 책상은 발달장애가 있는 같은 반 친구 세정이의 것이었어요. 몇 일 동안 가만히 살펴보니 매일 지수는 세정이의 서랍에 간식을 넣고 있었어요. 민선이는 그제야 지수가 마음이 따뜻한 아이라는 것을 깨달았어요.

 **선생님의 마음 도움**

친구를 가만히 관찰해 본 적 있나요? 선생님은 비밀 친구(마니또) 활동을 할 때 내 마니또를 관찰하기 과제를 내주는데요. 그때 친구를 관찰하면서 친구에 대해 몰랐던 점을 발견하고 새롭게 보는 기회가 되더라고요.

한 사람에 대해 잘 알기 위해서는 그 사람에 대해 오랜 시간, 깊이 있는 관찰이 필요해요. 사람은 자신을 숨길 수 없기 때문에 그 사람의 성격이나 인간성은 그 사람의 말과 행동에서 묻어나와요. 누군가에 대해서 잠깐 봐서는 정확하게 판단할 수 없으니 다양한 상황에서 그 사람의 말과 행동을 잘 살펴보는 것이 좋아요. 또한 친구에 대해 편견을 갖지 말고 서로 다른 강점과 다양함을 존중합시다.

 따라 쓰며 마음을 챙겨요

그 사람이 무엇을 하고 왜 그렇게 하는지를 보고, 편안하게 생각하는 것을 잘 살펴보라. 사람이 어떻게 자신을 숨기겠는가? - 논어

그 사람이 무엇을 하고 왜 그렇게 하는지를 보고, 편안하게 생각하는 것을 잘 살펴보라. 사람이 어떻게 자신을 숨기겠는가? - 논어

4장

건강한 관계를 만들어요

다른 사람들과의 단단한 관계를 위해서는
소통을 잘해야 해요.
대화 방법을 알면 훨씬 관계 맺기가 쉽고 즐거워져요.
나를 지키며 남과 통하는 방법을 알아볼까요?

다시 만나게 될 줄이야!

 삐용삐용 마음 빨간불

 아침에 교실 문을 열고 선생님이 들어오시는데 뒤에 한 친구가 따라 들어왔어요. 전학 온 친구였어요. 이름은 희진이었어요. 희진이는 인사를 하고 자기소개를 했어요. 친구들은 전학 온 친구에게 박수를 치며 환영해 주었어요.
 하지만 저는 환영의 박수를 칠 수가 없었어요. 사실 희진이를 처음 만난 것이 아니었거든요. 안 좋은 일로 만났던 사이라 너무 놀랍고 당황스러웠어요.
 얼마 전에 놀이터에서 놀다가 희진이와 싸웠기 때문이에요. 놀이기구를 먼저 사용하겠다고 다퉜어요. 같은 학교 친구가 아니라 더 함부로 말을 했는데 이렇게 한 교실에서 만나게 되다니……．

 ### 선생님의 마음 도움

사람은 언제 어디서든 다시 만날 수 있어요. 선생님도 한 자매, 남매, 형제의 담임을 연이어 맡은 적이 있어요. 1학년 때 담임이었는데 4학년 때 또 담임이 된 아이들도 있고요. 일 년이 끝이 아니라 또 다른 인연으로 이어지더라고요. 그런데 우리는 잠깐 만나는 사람이라고 생각해서 함부로 대하거나 쉽게 대할 때가 있어요. 그러다가 언젠가 다시 만나면 당황할 수 있겠죠. 그래서 만나는 한 사람 한 사람에게 나쁜 말을 하거나 속상한 마음을 남기지 말고 선하게 행동해야 해요.

우리가 누군가에게 작은 친절을 베풀고 따뜻한 배려를 실천한다면, 어디선가 좋은 인연으로 다시 만나 이어질 거예요.

 ### 따라 쓰며 마음을 챙겨요

은혜와 의리를 널리 베풀라. 사람은 어느 곳에서든 다시 만날 수 있다. - 명심보감

은혜와 의리를 널리 베풀라. 사람은 어느 곳에서든 다시 만날 수 있다. - 명심보감

완벽함 뒤의 외로움

 삐용삐용 마음 빨간불

지우는 일인일역에서 청소 검사 역할을 맡았어요. 지우는 아주 꼼꼼하게 검사를 했어요.

친구가 빗자루질을 대충 하면 "제대로 안 됐어.", 책상이 조금 삐뚤어지면 "왜 이렇게 해? 다시 맞춰."라고 말했어요.

지우는 항상 줄이 정확하게 맞춰져야 하고 청소도 작은 쓰레기 하나 없이 깨끗이 해야 한다고 생각했어요. 그리고 청소 검사 역할을 제대로 하고 싶었어요. 하지만 친구들은 점점 지우와 같이 청소하기가 싫어졌어요. 그래서 지우를 점점 피했어요.

지우는 혼자 깨끗한 교실을 보며 뿌듯했지만 한편으론 너무 외로웠어요.

 **선생님의 마음 도움**

주변에 지우처럼 완벽하게 행동하고 깐깐하게 다른 사람을 바라보는 친구가 있나요? 이런 친구가 곁에 있으면 어떨까요? 여러분이 혹시 친구들을 그렇게 대하진 않나요?

실수도 없고 일을 정확히 하는 것이 좋을 때도 있지만 사람 사이의 관계에서는 그런 것이 좋지만은 않아요. 사람들을 자로 잰 듯이 빈틈없이 바라보면 사람 사이의 우정이나 좋은 마음이 들어갈 틈이 없어지거든요. 친구들은 완벽한 사람보다는 빈틈이 있어도 즐겁고 행복하게 함께할 수 있는 친구를 더 좋아해요.

사람 사이엔 여유와 배려도 필요하다는 사실을 잊지 마세요.

 따라 쓰며 마음을 챙겨요

물이 너무 맑으면 고기가 없고 사람이 너무 엄격하면 친구가 없다. - 명심보감

물이 너무 맑으면 고기가 없고 사람이 너무 엄격하면 친구가 없다. - 명심보감

웃음을 잃은 윤재의 고민

 삐용삐용 마음 빨간불

 윤재는 요즘 모든 일이 즐겁지 않아요. 학교 가는 것도 즐겁지 않고 수업 시간에 선생님 말씀에 집중도 잘 안돼요. 친구들과 모둠 활동을 할 때도 하기 싫고 다 귀찮아요. 요즘은 머리와 배가 자주 아파요. 그래서 보건실에 갔지만 특별히 원인을 찾지 못하니 선생님께서 스트레스 받는 것이 있냐고 물으시더라고요. 저는 없다고 했어요.

 하지만 사실 요즘 스트레스 받는 일이 있어요. 부모님이 너무 자주 싸우셔서 마음이 힘들어요. 큰 소리가 오가면 제 마음이 쪼그라드는 기분이에요. 학교에 와서도, 친구랑 놀 때도 집에서 본 장면들이 생각나요. 그러면 즐거운 마음이 사라지고 우울해져요.

 **선생님의 마음 도움**

집에서 부모님께 혼나거나 언니랑 싸우고 학교에 간 날이 있나요? 선생님도 그런 적이 있는데, 그런 날은 다른 일도 모두 엉망이 되는 기분이었어요. 공부도 잘 안 되고 친구들과도 괜히 작은 다툼이 일어나거나 일이 잘 안 풀리더라고요.

'가화만사성'이라는 말을 들어 봤나요? 집안이 화목하면 모든 일이 잘 풀린다는 뜻이에요. 가족 간에 돈독하고 서로 아껴 주며 응원해 줄 때 공부도, 일도, 관계도 잘될 수 있답니다. 여러분이 할 수 있는 일은 부모님께 효도하고 형제자매와 사이좋게 잘 지내는 거예요. 또 집안 분위기를 좋게 하기 위한 방법을 <u>스스로 고민해 보세요</u>.

 따라 쓰며 마음을 챙겨요

자식이 효도하면 부모님이 즐겁고 가족이 화목하면 모든 일이 잘 된다.
- 명심보감

자식이 효도하면 부모님이 즐겁고 가족이 화목하면 모든 일이 잘 된다.
- 명심보감

내가 만든 벽에 갇혔어요

 삐용삐용 마음 빨간불

　준서는 점심시간마다 혼자 있는 경우가 많았어요. 친구들은 삼삼오오 모여서 이야기를 나누는데 준서에게는 아무도 오지 않았어요. 준서는 '왜 아무도 나한테 말을 안 걸지?' 하고 속상해했어요. 모두 자신을 싫어하고 피하는 것 같았어요.

　그러던 어느 날 수정이라는 아이가 준서네 반에 전학을 왔어요. 전학을 와서 낯설텐데도 수정이는 친구들에게 밝은 표정으로 인사하고 궁금한 것이 있으면 적극적으로 가서 물어보았어요. 점심시간에 수정이 주변에는 친구들이 많이 모였어요. 서로 즐겁게 웃고 이야기하는 소리가 들렸어요.

　그 모습을 본 준서는 자신이 수정이처럼 친구들에게 먼저 다가가지 않고 친구들을 멀리했다는 생각이 들었어요. 준서는 후회가 되었지요.

 **선생님의 마음 도움**

'나에게 친구들이 잘해줬으면 좋겠어.', '나를 아껴줬으면 좋겠어.', '나를 좋아했으면 좋겠어.'와 같은 마음이 누구나 있어요. 그런데 그런 것을 다른 사람에게 바라기만 해서는 안 돼요. 내가 먼저 다른 사람이 바라는 것을 해주고 베풀어야 해요.

남에게 기대하고 바란다고 그 친구가 내가 바라는 대로 생각하고 움직이지 않아요. 내가 친구에게 바라는 것을 얻을 수 있는 가장 효과적인 방법은 내가 바라는 것을 친구에게 먼저 실천하는 것입니다. 그게 부메랑이 되어 여러분에게 다시 돌아올 거예요.

 따라 쓰며 마음을 챙겨요

남이 나를 소중히 여기길 바란다면 내가 먼저 남을 소중히 여겨야 한다.
- 명심보감

남이 나를 소중히 여기길 바란다면 내가 먼저 남을 소중히 여겨야 한다.
- 명심보감

칼날처럼 날카로웠던 말들

 삐용삐용 마음 빨간불

국어 시간에 돌아가면서 독서 감상문을 발표하게 되었어요.

수빈이는 자기 차례가 되자 덜덜 떨렸어요. 수빈이는 말하는 것을 매우 부끄러워하고 어려워하는 아이거든요. 너무 긴장한 나머지 수빈이는 말을 더듬었어요.

그때 지후와 예지가 무심코 말했어요.

"어? 그게 무슨 말이야? 하나도 모르겠어."

"나도. 무슨 말인지 잘 안 들려. 귓속말도 아니고."

수빈이는 그 말을 들은 뒤 얼굴이 붉어졌고 고개를 들지 못했어요. 지후와 예지의 말 한마디가 상처가 되어 계속 머리에 맴돌았거든요.

 **선생님의 마음 도움**

말은 눈에 보이지 않지만 사람의 마음을 움직이는 큰 힘이 있어요. 기분 좋게 해주는 말은 오랫동안 마음에 남고 세상을 얻은 듯 행복한 기분이 들게 해요. 반대로 상처 주는 말은 칼보다 더 아플 수 있어요.

우리는 생활 속에서 누군가 때리거나 꼬집어서 생긴 상처보다 말로 인해 생긴 상처를 더 많이 경험해요. 그만큼 우리가 아무 생각 없이 던지는 말들로 상처받는 사람이 많을 수 있으니 조심해야겠죠?

그래서 우리는 말하기 전에 '이 말이 듣는 사람에게 힘이 될까, 상처가 될까?'에 대해 한 번 더 생각하는 습관을 들이면 좋겠어요.

 따라 쓰며 마음을 챙겨요

사람을 이롭게 하는 말은 천금처럼 소중하고, 사람을 속상하게 하는 말은 칼로 베는 아픔과 같다.
— 명심보감

사람을 이롭게 하는 말은 천금처럼 소중하고, 사람을 속상하게 하는 말은 칼로 베는 아픔과 같다.
— 명심보감

좋은 친구인 줄 알았는데

 삐용삐용 마음 빨간불

새로운 학년이 된 민서는 새로 사귄 채영이가 너무 친절하고 다정한 아이로 보였어요. 처음부터 민서를 챙겨 주고 칭찬하는 말을 많이 해줬거든요. 마침 집도 같은 방향이라 첫날 집에 같이 가게 되었어요. 민서는 채영이와 자연스럽게 친해졌고 다음 날부터 같이 다니게 되었어요.

그런데 같이 다니면서 채영이의 새로운 모습을 보게 되었어요. 채영이는 자기 말만 듣게 하려고 했고 민서가 다른 친구들과 어울리는 것을 너무 싫어했어요. 민서는 다른 친구들과도 잘 지내고 싶었는데 채영이가 놀지 못하게 했어요.

'새로운 친구가 생겨 좋았는데 시간이 지나니 아니네.'

민서는 오래 지내 보니 누가 진짜 좋은 친구인지 알게 되었어요.

 **선생님의 마음 도움**

겉으로 멋지고 빛나서 샀는데 막상 그 물건을 사용해 보니 디자인에 비해 성능이 좋지 않고 사용하기 불편할 때가 있어요. 물건도 그렇지만 사람도 그렇답니다. 첫인상이 무서워 보였던 선생님이 지내다 보니 다정하고 좋은 분이었거나, 조용해 보이던 친구가 오래 지내 보니 농담과 장난을 잘 치는 친구인 것처럼 말이에요. 시간이 지나면서 처음과 생각이 달라진 경험이 있을 거예요.

이처럼 사람은 오래 지내 봐야 진짜 그 사람의 마음을 알 수 있어요. 진짜 친구는 시간이 말해 주거든요. 진심은 천천히 알게 된답니다. 성급히 판단하지 마세요.

 따라 쓰며 마음을 챙겨요

길이 멀 때 말의 힘을 알 수 있고 오래 지내야 사람의 마음을 알 수 있다.
- 명심보감

길이 멀 때 말의 힘을 알 수 있고 오래 지내야 사람의 마음을 알 수 있다.
- 명심보감

부끄럼쟁이 상민이가 변했어요!

 삐용삐용 마음 빨간불

　상민이는 평소에 말이 별로 없고 낯을 많이 가리는 아이였어요. 친구들이 모여서 웃고 이야기할 때도 상민이는 조용히 앉아 있곤 했어요. 상민이도 친구들과 스스럼없이 이야기하고 웃고 싶었지만 어떻게 해야 할지 몰랐어요.

　어느 날, 반에서 새로 짝을 정하는 시간이 되었어요. 상민이는 윤서와 짝이 되었어요. 윤서는 항상 웃는 얼굴로 "안녕~!", "고마워!", "멋지다!" 하고 친구들에게 따뜻한 말을 잘 건네는 아이였어요. 상민이는 그런 윤서의 모습이 신기하고 부러웠어요.

　짝이 된 윤서는 그런 상민에게도 늘 웃으며 다가왔고, 밝은 목소리로 칭찬을 해 줬어요. 그 말을 들을 때마다 상민이는 기분이 좋아지고 마음이 따뜻해졌어요.

　윤서와 짝을 하면서 상민이의 표정은 조금씩 밝아졌어요. 그리고 친구들에게 용기 내어 인사하기 시작했어요. 점점 상민이는 적극적으로 변해 갔답니다.

 **선생님의 마음 도움**

우리는 누구와 함께 시간을 보내느냐에 따라 말투, 습관, 마음가짐이 달라질 수 있어요. 그래서 주변에 어떤 사람이 있는지가 굉장히 중요해요. 내 주변에 향기 가득한 좋은 친구가 많으면 좋겠죠? 좋은 친구와 함께하면 말하지 않아도 그 친구의 좋은 점이 내게 스며들어요.

좋은 친구를 사귀고 곁에 두는 것도 중요하지만, 내가 좋은 친구가 되려고 노력하는 것도 똑같이 중요해요. 나의 좋은 점이 다른 친구에게 긍정적인 영향을 준다면 얼마나 행복한 일이겠어요? 한 사람의 가치는 역할에 따라 달라지는 것이거든요. 향기로운 사람이 될 수 있도록 노력합시다.

 따라 쓰며 마음을 챙겨요

좋은 사람과 함께 있는 것은 지초와 난초가 있는 방에 있는 것과 같아, 오래되면 절로 향기가 배인다.
- 명심보감

좋은 사람과 함께 있는 것은 지초와 난초가 있는 방에 있는 것과 같아, 오래되면 절로 향기가 배인다.
- 명심보감

엄마 눈에 눈물이 맺힌 이유

 삐용삐용 마음 빨간불

　준호는 친구들과 놀이터에 가거나 동네를 돌아다니며 노는 걸 좋아했어요.
　어느 날 준호는 스마트폰을 깜박 잊고 집에 두고 나간 채 재민이와 만났어요. 같이 축구를 하다가 배가 고파서 떡볶이를 먹으러 분식점에 갔어요. 그곳에서 다른 친구들을 만난 준호는 놀이터에 가서 친구들과 한참을 놀았습니다.
　놀다 보니 시간이 훌쩍 지나 있었어요. 하늘이 어두워지자 준호는 친구들과 헤어져 집으로 돌아왔어요. 부모님은 걱정 가득한 얼굴로 기다리고 계셨어요.
　"전화도 안 받고, 어디 간 건지도 모르고……, 걱정했잖아!"
　엄마의 눈에 눈물이 맺혔어요. 준호는 엄마에게 죄송한 마음이 들었어요.

 **선생님의 마음 도움**

우리가 어디 가는지 말하지 않고 갑자기 사라지면 부모님은 얼마나 걱정하실까요? 혹시 다쳤나, 길을 잃었나, 누가 데려간 건 아닐까……; 정말 수많은 걱정이 머릿속에 떠오를 거예요. 그게 바로 '부모님의 마음'이에요.

부모님과의 믿음은 거창한 일이 아니라 '어디 갔다가 몇 시에 올게요.'라는 말 한마디에서 시작돼요. 그 한마디가 부모님을 안심시키고, 여러분에 대한 믿음을 키워 준답니다. 누구와 어디에 가고 몇 시에 올 건지에 대해 이야기하는 것은 단순히 보고하는 것이 아니라 부모님을 배려하는 행동이고 효도의 실천입니다. 앞으로는 부모님 걱정 안 하시게 꼭 말씀드립시다.

 따라 쓰며 마음을 챙겨요

부모님이 계시면 멀리 가지 말고, 놀러 갈 때 반드시 가는 곳을 알려야 한다. - 명심보감

부모님이 계시면 멀리 가지 말고, 놀러 갈 때 반드시 가는 곳을 알려야 한다. - 명심보감

부모님께 죄송한 아침

 삐용삐용 마음 빨간불

　세진이는 학교에 가려고 집을 나서 엘리베이터를 탔어요. 3층에서 한 아주머니가 타셨어요. 세진이는 실내화 주머니와 준비물을 잘 챙겼나 생각하고 있었어요.
　아주머니는 "넌 어른에게 인사도 안 하니?"라고 말씀하시며 혼잣말로 "요즘 부모들은 그런 것도 안 가르치나 봐."라고 하셨어요. 세진이는 낯선 어른께 인사하는 것이 부끄럽고 잠깐 다른 생각을 하느라 그랬을 뿐인데 그런 말씀을 하시니 기분이 나쁘고 속상했어요. 더구나 자신이 인사를 안 했는데 부모님에 대해 안 좋게 이야기하는 것을 이해할 수 없었어요. 세진이는 아주머니도 원망스럽고 부모님께도 괜히 죄송스러운 마음이 든 채 학교에 갔습니다.

 **선생님의 마음 도움**

여러분의 말과 행동을 보고 부모님에 대해 이렇다 저렇다 이야기를 하면 기분이 나쁘죠. 내 잘못과 실수를 부모님과 연결 지어 말하는 것이 이해가 안 될 수도 있어요.

하지만 사람들은 여러분을 보고 부모님과 친구에 대해 판단해요. 한 사람에 대해 알기 위해 부모님과 친구를 살펴본다면 꽤 정확한 정보를 얻을 수 있어요. 우리는 부모님이라는 환경 속에서 자라고 주변 친구들의 영향을 받으며 닮아가거든요. 여러분의 잘못된 말과 행동이 부모님을 욕되게 할 수 있어요. 나와 부모님을 위해 말 한마디, 행동 하나도 신경 써서 합시다.

 따라 쓰며 마음을 챙겨요

그 사람을 알고 싶으면 먼저 그 친구를 보고, 그 아버지를 알고 싶으면 먼저 그 자식을 보라. - 명심보감

그 사람을 알고 싶으면 먼저 그 친구를 보고, 그 아버지를 알고 싶으면 먼저 그 자식을 보라. - 명심보감

아이 먼저? 어른 먼저?

 삐용삐용 마음 빨간불

　재율이는 방학을 맞아 시골에 계신 할아버지 댁에 일주일 동안 놀러 가게 되었어요. 오랜만에 할아버지, 할머니를 만나니 너무 행복했어요. 강아지 보리도 반갑다고 인사해 주었어요.
　할머니께서 저녁을 차려 주셨어요. 내가 좋아하는 불고기와 오징어볶음이 있었어요. 너무 배가 고파서 앉자마자 먹기 시작했어요. 역시 할머니 음식 솜씨는 최고였어요.
　그때 할아버지와 할머니께서 식탁으로 오셨어요. 할아버지가 말씀하셨어요.
　"재율아, 어른이 먼저 드시기 시작한 다음에 먹는 거야."
　집에서는 늘 부모님보다 내가 먼저 먹었는데 어른이 먼저 드셔야 한다니, 재율이는 당황스러웠어요.

 **선생님의 마음 도움**

요즘 아이들은 학원 다니느라, 부모님께서는 일하시느라 바쁘다 보니 같이 식사할 일이 줄어들고 있어요. 그리고 어른들과 함께 하는 일이 적다 보니 어른에 대한 예절에 대해 배울 기회가 별로 없어요.

나라마다 문화가 다르고 지켜야 하는 예절이 다른데, 우리나라에서는 어른과 아이가 있을 때 어른이 먼저 하고 아이가 나중에 하는 것을 예의라고 생각해요. 어른이 먼저 식사를 하시면 그 다음에 아이가 식사를 시작해야 한다고 생각하는 거예요.

어른과 아이 사이의 차례뿐만 아니라 친구 사이에서도 예절을 지켜야 해요. 서로를 믿고 아껴주는 마음을 가지는 것이 친구 사이의 예절이랍니다.

 따라 쓰며 마음을 챙겨요

어른과 아이 사이에는 차례가 있어야 하고 친구 사이에는 믿음이 있어야 한다. - 명심보감

어른과 아이 사이에는 차례가 있어야 하고 친구 사이에는 믿음이 있어야 한다. - 명심보감

필요할 때만 찾는 친구

 삐용삐용 마음 빨간불

시험 전이 되면 다정하게 다가오는 친구가 있었어요.
"지현아, 너 이 문제 알지? 나 좀 알려줘!"
"네 필기 좀 볼 수 있을까?"
지현이는 흔쾌히 도와주었어요. 그런데 시험이 끝나면 그 친구는 아무 일 없던 듯 지현이 곁을 떠났어요. 쉬는 시간에도 말 한마디 없이 다른 아이들과만 놀았고 지현이와는 거리를 두었어요.
지현이는 다정하고 친하게 지냈던 친구가 갑자기 변한 것이 이상하고 서운했어요. 하지만 이 경험을 통해 알게 되었어요. 그 친구가 시험에 도움을 받기 위해 자신에게 다가왔다는 사실을 말이에요.

 **선생님의 마음 도움**

필요할 때만 다가오는 친구는 진심으로 나를 좋아해서가 아니라 자기에게 이득이 되는 관계만 원하는 것일 수 있어요. 겉으로 친한 척하는 것보다 어려울 때 곁에 있어 주는 사람이 진짜 친구예요. 그리고 오래 보면서 같은 모습인지 살펴보는 것도 좋은 친구를 판단할 수 있는 방법이랍니다.

잠시 나에게 친한 척하거나 필요한 것이 있어 다가오는 친구에게 마음을 주어 상처받지 마세요. 친구를 사귈 때, '이 친구는 나를 진짜 소중히 여기는가?'를 생각해 보면 좋아요. 기준을 가지고 친구를 사귀다 보면 좋은 친구를 만날 수 있을 거예요.

 따라 쓰며 마음을 챙겨요

열매를 맺지 않는 꽃은 심지 말고, 의리가 없는 친구는 사귀지 말라.
- 명심보감

열매를 맺지 않는 꽃은 심지 말고, 의리가 없는 친구는 사귀지 말라.
- 명심보감

얼었던 마음을 녹인 쪽지

 삐용삐용 마음 빨간불

민재와 우진이는 친한 친구예요. 하지만 얼마 전 사소한 일로 다퉜고 한동안 서로 말하지 않고 지냈어요. 민재는 우진이에게 다가가고 싶었지만 화가 났던 순간이 떠올라 발길을 멈췄어요. 우진이도 마찬가지였어요. 먼저 말을 건네고 다시 예전처럼 친하게 지내고 싶었지만 용기가 나지 않았어요.

그러던 어느 날, 민재는 집에 가다가 우진이와 늘 함께 놀던 놀이터를 지나갔어요. 갑자기 우진이와 친하게 지냈던 기억이 떠올랐어요. 저녁에 민재는 우진이에게 쪽지를 썼고 다음 날 건넸어요.

"우진아, 그래도 넌 좋은 친구야. 내일은 웃으며 인사할 수 있으면 좋겠다."

쪽지를 읽은 우진이는 민재에게 다가가 사과했습니다.

 **선생님의 마음 도움**

친구와 이야기하다 보면 의견이 다를 수도 있고, 서로에게 실수하거나 서운한 감정을 느낄 수도 있어요. 그래서 친한 친구와 다투기도 하고 서로 으르렁거리기도 해요. 안 좋은 감정이 너무 커져 친구에게 뾰족한 말을 던질 때도 있어요. 하지만 그 순간 자기 마음속 감정을 있는 그대로 말하거나 행동하면 친구와의 관계를 완전히 망가뜨릴 수 있어요. 늘 약간의 따뜻함과 공간을 남겨 두어야 친구와 다시 연결될 수 있답니다. 나중에 그 친구를 다시 만났을 때 내가 어떤 말을 남겼는지에 따라 서로의 기분이나 대하는 태도가 달라질 수 있어요. 그러니 언제나 따뜻한 정을 조금 남겨 두는 여유를 갖길 바랍니다.

 따라 쓰며 마음을 챙겨요

모든 일에 따뜻한 인정을 남겨 두면 나중에 만났을 때 서로 좋은 얼굴로 보게 된다. - 명심보감

모든 일에 따뜻한 인정을 남겨 두면 나중에 만났을 때 서로 좋은 얼굴로 보게 된다. - 명심보감

동생을 위해 한 말이었는데

 삐용삐용 마음 빨간불

주희는 여동생 승희에게 자주 이렇게 말했어요.
"이거 해!", "그거 만지지 마!", "빨리 숙제해!"
승희는 언니가 무서운 표정으로 명령하듯이 말하니까 어쩔 수 없이 시키는 대로 했어요. 하지만 언니가 없을 때 엄마한테 말하면서 울기도 하고 언니랑 같이 노는 것을 좋아하지 않았어요.
어느 날 엄마가 주희에게 말했어요.
"주희야, 네가 동생한테 친절하게 이야기하고 잘 설명해 주면 승희도 더 기분 좋게 말을 들을 거야."
주희는 동생을 챙기려 했던 건데 엄마가 그렇게 말하니까 속상했어요.

 **선생님의 마음 도움**

남이 나를 따르도록 하는 방법에는 두 가지가 있어요. 하나는 '힘'으로 하는 방법이고 나머지 하나는 '덕'으로 하는 방법이에요. 힘으로 하면 당장은 빠르게 나를 따르도록 할 수 있지만, 억지로 따르는 것이라 불만을 살 수 있어요. 누군가를 스스로 따르도록 한다면 오래 즐겁게 함께할 수 있을 거예요.

친절하고 따뜻한 말, 진심을 담은 행동으로 상대를 감동시키면 그 사람은 기분 좋게 스스로 움직이게 돼요. 친구나 동생을 이끌어야 할 일이 있을 때 힘으로 명령하지 말고 마음으로 이끌어 보세요. 그게 진짜 리더랍니다.

 따라 쓰며 마음을 챙겨요

힘으로 남을 복종시키는 자는 진심으로 복종한 것이 아니라 힘이 부족해서요, 덕으로 남을 복종시키는 자는 마음속으로 기뻐서 따르게 되는 것이다. - 명심보감

힘으로 남을 복종시키는 자는 진심으로 복종한 것이 아니라 힘이 부족해서요, 덕으로 남을 복종시키는 자는 마음속으로 기뻐서 따르게 되는 것이다. - 명심보감

좋아하는 반찬만 먹고 싶어!

 삐용삐용 마음 빨간불

규진이는 편식이 심한 아이예요. 싫어하는 반찬이 나오면 코를 막고 고개를 돌렸어요. 그리고 반찬에 대해 불평불만을 자주 했어요.
"이건 냄새나! 먹기 싫어!"
"왜 또 콩나물이야? 햄이나 소시지 주지!"
엄마는 그런 규진이에게 조용히 말했어요.
"밭에서 농사짓는 분들은 더운 날에도 땀 흘려가며 먹거리를 정성껏 키우신단다. 그분들의 정성을 생각해서 감사히 먹어야지."
하지만 규진이는 '그래도 맛없는데……'라고 생각하며 투덜거렸어요.

 **선생님의 마음 도움**

여러분이 먹는 음식, 입는 옷이 누군가의 노력과 정성이 더해져 만들어졌다는 사실을 알고 있나요? 음식은 하늘에서 뚝 떨어지는 것이 아니라 논밭에서 사람들이 힘들게 일해서 얻은 재료로 만드는 것이고, 그 속에는 그분들이 일 년 동안 쏟은 땀과 정성이 담겨 있답니다. 옷도 마찬가지예요. 자연에서 얻은 것이든 공장에서 만든 것이든 수많은 공정과 노력을 통해 얻어지는 것이에요.

'이걸 누가 만들었을까?', '얼마나 많은 노력이 있을까?'에 대해 한 번쯤 생각해 본다면 음식이나 옷에 대해 감사와 존중의 마음이 자연스럽게 생길 거예요. 앞으로는 주어진 음식과 물건에 대해 소중히 여기는 마음을 가져 보세요.

 따라 쓰며 마음을 챙겨요

몸에 한 올의 실을 감았어도 항상 베 짜는 여인의 수고로움을 생각하고 하루 세 끼 밥을 먹거든 늘 농부의 수고로움을 생각하라. - 명심보감

몸에 한 올의 실을 감았어도 항상 베 짜는 여인의 수고로움을 생각하고 하루 세 끼 밥을 먹거든 늘 농부의 수고로움을 생각하라. - 명심보감

믿고 다 털어놓았는데

 삐용삐용 마음 빨간불

예린이는 전학을 온 지 얼마 되지 않았어요. 모든 것이 낯설고 힘들 때 다정하게 말을 걸어 주는 친구가 있었어요. 바로 수영이에요.

친하게 지내던 어느 날, 예린이는 조심스럽게 자신의 마음을 털어놓았어요.

"수영아 비밀인데…… 나 사실 전학 오기 전에 친구랑 싸웠거든. 그래서 마음이 너무 아팠어. 여기서 좋은 친구를 만나고 싶어."

수아는 고개를 끄덕이며 다정하게 들어 주고 위로해 주었어요.

그런데 며칠 뒤 다른 친구들에게 우연히 이런 말을 들었어요.

"예린이 예전에 친구랑 싸우고 왕따 당했다며?"

예린이는 너무 창피하고 속상했어요. 괜히 수영이에게 말한 것 같아 후회되었어요.

 **선생님의 마음 도움**

친구 사이에 신뢰와 믿음이 중요해요. 하지만 그 신뢰는 만나자마자 눈빛과 느낌만으로 쉽게 생기는 것이 아니에요. 시간과 행동을 통해 천천히, 조금씩 쌓이는 것이에요. 그래서 친구를 사귈 땐, 먼저 상대를 잘 관찰해 보고 조금씩 마음을 나누는 게 좋아요. 친구에게 처음부터 너무 많은 이야기를 하거나, 속마음을 한 번에 다 털어놓는 건 오히려 상처가 될 수 있어요. 짧은 시간 쌓인 관계에서는 내가 생각한 친구와 실제 친구의 모습이 다를 때가 많거든요.

내가 만약 누군가의 비밀을 들었을 때도 쉽게 말하거나 소문을 내면 안 돼요. 친구에게 신뢰를 얻고 싶다면 그 비밀을 간직해 줄 수 있는 입 무거운 친구가 되어야겠죠?

 따라 쓰며 마음을 챙겨요

사람을 만나거든 우선 할 말을 3할만 하되 한 조각 속마음을 다 털어버리지 말아야 한다. - 명심보감

사람을 만나거든 우선 할 말을 3할만 하되 한 조각 속마음을 다 털어버리지 말아야 한다. - 명심보감

진심이 아니었다니

 삐용삐용 마음 빨간불

소담이는 친구 규연이와 늘 붙어 다녔어요. 어느 날 소담이는 새 필통을 사서 친구들에게 자랑을 했어요. 하지만 다른 친구들이 보기엔 필통의 캐릭터가 조금 유치해 보였어요. 그때 규연이는 말했어요.

"우아, 예쁘다. 나도 갖고 싶어! 어디에서 샀어?"

규연이가 관심을 갖자 소담이는 기분이 좋아졌어요.

그런데 쉬는 시간에 소담이는 화장실에 갔다가 우연히 다른 친구와 규연이가 수군거리는 것을 듣게 되었어요.

"그런데 그 필통 너무 유치하지 않아?"

"응, 별로더라."

소담이는 속상했지만 참았어요.

 ### 선생님의 마음 도움

친구는 우리에게 없어서는 안 될 소중한 존재에요. 나에게 좋은 친구가 있으면 좋겠다고 생각하지만 구체적으로 어떤 친구를 사귀어야 할지, 어떤 친구를 사귀지 말아야 할지 모르는 아이들이 많더라고요. 규연이처럼 내 앞과 뒤에서 말과 행동이 다른 친구는 좋은 친구라고 할 수 없어요. 나에게 좋은 말만 해주지 않고 필요한 말을 해줄 수 있는 친구가 진짜 좋은 친구랍니다.

여러분은 친구에게 솔직한 조언을 해준 적이 있나요? 그 친구의 반응은 어땠나요? 좋은 친구를 만나기 위해선 여러분도 누군가에게 좋은 친구가 되어 줘야 해요. 정직하고 믿을 수 있는 친구가 되기 위해 노력해 보세요.

 ### 따라 쓰며 마음을 챙겨요

정직한 사람, 신뢰가 있는 사람, 견문이 넓은 사람은 이로운 친구고, 아첨하는 사람, 가식적인 사람, 말만 잘하는 사람은 해로운 친구다. - 논어

정직한 사람, 신뢰가 있는 사람, 견문이 넓은 사람은 이로운 친구고, 아첨하는 사람, 가식적인 사람, 말만 잘하는 사람은 해로운 친구다. - 논어

나에게 다가와 주면 좋겠어요

 삐용삐용 마음 빨간불

민석이는 요즘 속상했어요. 친구들이 자기랑 안 놀아 주는 것 같았거든요.

"왜 나한테는 아무도 말을 안 시키는 거지? 나도 같이 놀고 싶은데……."

자신의 마음을 몰라주는 친구들이 원망스럽기도 하고 어울려 노는 모습이 즐거워 보여 부럽기도 했어요.

그러던 어느 날, 도덕 시간에 선생님께서 말씀하셨어요.

"얘들아, 친구가 자신을 알아주지 않는다고 속상해하지 말고, 친구를 먼저 알아주는 사람이 되어 보렴. 친구가 어떤 걸 좋아하는지, 무슨 고민이 있는지 먼저 관심을 가져 보는 거야."

그 말을 들은 민석이는 자신이 친구들에게 먼저 그런 노력을 하지 않았다는 것을 깨달았어요.

 **선생님의 마음 도움**

선생님 반에 친구가 별로 없는 아이를 보면 친구를 사귀기 위해 아무것도 하지 않더라고요. 친구가 먼저 나에게 관심을 가지고 말 시켜 주길 바라며 가만히 있는 건데, 그런 방식으로는 친구를 사귀기 어려워요.

친구가 먼저 다가오길 바라기보다는 내가 먼저 다가갈 방법에 대해 고민해 보는 것이 어떨까요? 친구는 무엇을 좋아하고 무엇을 싫어하는지, 요즘 고민이 무엇인지 등 친구에 대해 호기심을 가지고 하나씩 질문하면서 대화를 시작하면 서로에게 관심이 생기면서 좋은 관계가 시작될 수 있을 거예요.

 따라 쓰며 마음을 챙겨요

남이 자기를 알아주지 않음을 걱정하지 말고 자기가 남을 알지 못함을 걱정하여라. - 논어

남이 자기를 알아주지 않음을 걱정하지 말고 자기가 남을 알지 못함을 걱정하여라. - 논어

영진이의 반전

 삐용삐용 마음 빨간불

  수현이는 반에서 공부를 열심히 하고, 시험 성적도 항상 좋은 아이예요. 그런데 짝꿍인 영진이는 공부엔 별로 관심이 없어 보였고, 쉬는 시간마다 게임 이야기만 했어요.

  어느 날, 모둠별로 만들기를 했어요. 모의 시장에서 우리 모둠이 팔 물건의 광고 포스터를 꾸미는 활동이었어요. 처음에는 수현이가 대부분의 아이디어를 냈고, 다른 친구들은 별다른 아이디어 없이 수현이의 의견에 따랐어요.

  그런데 영진이가 조용히 종이에 무언가를 그리더니 내밀었어요. 거기에는 우리 모둠이 팔려고 하는 '랜덤박스'를 멋지게 소개하는 문구와 그림이 담겨 있었어요. 나는 깜짝 놀랐어요. 게임만 좋아하는 줄 알았는데 아이디어와 그림 실력이 좋더라고요.

 **선생님의 마음 도움**

친구들마다 재능이 모두 달라요. 어떤 친구는 조용하지만 집중력이 좋고 어떤 친구는 산만하지만 그림 실력이 뛰어나기도 해요. 저마다 가지고 있는 보석이 다르기 때문에 한 가지 기준만으로 바라보고 이렇다 저렇다 평가하면 안 돼요. 아무리 나보다 재능이 없어 보이는 친구라도 가만히 들여다보면 배울 점이 있어요. 친구의 잘못된 행동을 보면서 나는 그러지 말아야겠다는 배움을 얻을 수도 있어요.

친구들과의 관계에서 '이 친구에게 어떤 장점이 있을까?', '어떤 점을 배울 수 있을까?'를 찾아보세요. 존중하고 배우려는 자세로 친구를 대한다면 여러분은 더 멋지게 성장할 수 있을 거예요. 친구를 또 다른 스승으로 바라봅시다.

 따라 쓰며 마음을 챙겨요

세 사람이 길을 가더라도 그중에 반드시 내 스승이 될 만한 사람이 있다. - 논어

세 사람이 길을 가더라도 그중에 반드시 내 스승이 될 만한 사람이 있다. - 논어

5장

바르게 행동해요

우리는 늘 선택의 상황을 만나요.
이럴까 저럴까 고민될 때 좋은 선택을 하려면
생각의 기준이 있어야 해요.
똑똑하게 생각하고 멋지게 행동하는
내가 되기 위해 어떻게 해야 할지
함께 생각해 볼까요?

수학은 누가 만든 거야?

 삐용삐용 마음 빨간불

    오늘은 6교시 수업도 있고 방과후 수업까지 있어서 너무 지치는 날이었어요. 경진이는 이제 학원에 가야 해요. 오늘 수학 공부를 두 시간이나 했는데 또 수학 학원에 가서 두 시간을 더 해야 하다니, 생각만 해도 끔찍했어요.
"엄마, 학원 안 가면 안 돼?"
"가야지. 지금 공부 안 하면 나중에 후회해. 그럼 집에서 할래?"
"공부하기 싫어. 싫단 말이야!"
    대체 수학이라는 걸 누가 만든 걸까요? 경진이는 왜 공부해야 하는지도 모르겠고 짜증만 났어요.

 ### 선생님의 마음 도움

우리는 학교에서 수업 시간에 여러 가지를 배워요. 40분이라는 시간 동안 앉아 있는 것 자체가 힘들 수도 있고, 내용이 어렵고 재미없을 땐 하기 싫을 거예요. 선생님도 부모님도 공부를 해야 한다는데 공부를 왜 해야 하는지 의문이 들 때도 있죠.

하지만 우리는 부지런히 배워야 해요. 아는 만큼 보이고 내 방식대로 살아갈 수 있으니까요. 그리고 내가 원하는 직업을 선택하려면 많이 배워서 아는 것이 많아야 해요. 어두운 길을 갈 때 아는 길은 두렵지 않지만 모르는 길이라면 걱정도 되고 넘어질 가능성도 높겠죠? 학교 공부가 아니더라도 평소에 세상을 배워 나가려는 자세를 가집시다.

 ### 따라 쓰며 마음을 챙겨요

사람이 태어나 배우지 않으면 어두운 밤길을 가는 것과 같다. - 명심보감

사람이 태어나 배우지 않으면 어두운 밤길을 가는 것과 같다. - 명심보감

포기하지 않아요

 삐옹삐옹 마음 빨간불

　세진이는 글씨 쓰기를 싫어하고 잘 못 썼어요. 그런데 국어 시간에 선생님께서 '한석봉'에 대한 이야기를 읽고 나서 말씀하셨어요.

　"글씨는 연습하면 누구나 예뻐질 수 있어요. 한석봉의 노력처럼 우리도 바른 글씨 쓰기 연습을 해보는 거 어떨까요? 이번 달 말에 우리 반 '한석봉 선발 대회'를 열게요."

　세진이는 자신이 없었기 때문에 좌절했어요. 하지만 세진이의 친구인 정근이는 조금씩 글씨 연습을 하기 시작했어요.

　정근이의 글씨도 원래 세진이처럼 알아보기 힘든 글씨였어요. 그런데 매일 꾸준히 쓰다 보니 조금씩 달라졌고 한석봉 선발 대회에서 상까지 받게 되었어요.

　세진이는 그제야 알았어요. 포기하지 않고 연습하면 달라질 수 있다는 것을요.

164

 **선생님의 마음 도움**

예쁜 보석도 그냥 두면 빛을 잃어 평범한 돌멩이처럼 보일 수 있어요. 하지만 잘 다듬으면 멋진 반지나 목걸이가 됩니다. 사람도 마찬가지예요. 태어날 때부터 똑똑하거나 착한 사람은 없어요. 끊임없이 배우고 바르게 행동하려고 노력해야 진짜 멋진 사람이 될 수 있어요.

여러분은 타고난 것이라고 여기거나 원래 못한다고 생각하고 포기한 것이 있나요? 어렵고 불가능하다고 생각하는 것은 여러분의 노력과 정성으로 반드시 극복할 수 있어요. 스스로 갈고 닦고 배워서 더 멋진 사람으로 거듭나 볼까요?

 따라 쓰며 마음을 챙겨요

옥을 다듬지 않으면 그릇이 되지 않고, 사람은 배우지 않으면 옳음을 알지 못한다. - 명심보감

옥을 다듬지 않으면 그릇이 되지 않고, 사람은 배우지 않으면 옳음을 알지 못한다. - 명심보감

행운 뒤에 찾아온 불행

 삐용삐용 마음 빨간불

 승민이는 아침부터 기분이 정말 좋았어요. 수업 시간에 수학 시험을 봤는데 100점을 받았어요. 게다가 체육 시간엔 농구 게임을 했는데 승민이네 팀이 이겼거든요. 승민이는 "오늘은 완전 행운의 날이야!"라고 친구들에게 자랑했어요.
 하지만 점심시간, 급식실을 가면서 급하게 뛰던 승민이는 바닥에 미끄러졌어요. 부딪친 부분이 아프기도 했지만 무엇보다 친구들이 많은 곳에서 넘어져 너무 창피했어요. 게다가 집에 돌아가려던 길엔 갑자기 비가 쏟아졌어요. 승민이는 우산을 가져오지 않아 비를 쫄딱 맞으며 집에 돌아왔어요.
 승민이는 깨달았어요. '아무리 좋은 날도 방심하면 안 되는구나.'

선생님의 마음 도움

오늘 하루는 어땠나요? 좋은 일이 있었나요? 아니면 속상한 일이 있었나요? 매일, 그리고 매번 좋은 일만 생기기를 우리는 바라요. 하지만 우리의 삶은 그렇지가 않아요. 하늘이 맑다가 갑자기 소나기가 내리기도 하듯이, 삶에서도 예상치 못한 어려움이 생기기도 하고 기대하지 않은 좋은 일이 생기기도 해요. 세상은 언제 어떻게 바뀔지 모르기 때문에 우리는 기쁨 속에서도 겸손한 마음을 가지고 늘 조심해야 해요. 그리고 슬픔과 아픔 속에서도 좋은 일이 다시 일어날 거라는 희망을 가지고 좌절하지 말아야 해요. 좋은 일에 대한 겸손과 안 좋은 일에 대한 준비 자세를 가지고 생활한다면 조금 더 행복한 삶을 살 수 있을 거예요.

따라 쓰며 마음을 챙겨요

하늘에는 예측할 수 없는 비바람이 있고, 사람에게는 아침 저녁으로 화와 복이 있다. - 명심보감

하늘에는 예측할 수 없는 비바람이 있고, 사람에게는 아침 저녁으로 화와 복이 있다. - 명심보감

내 맘대로 규칙

 삐용삐용 마음 빨간불

요즘 현진이네 반은 공기놀이에 푹 빠져 있었어요. 쉬는 시간이면 언제나 삼삼오오 둘러앉아 공기놀이를 했어요. 현진이는 처음에 그저 친구들과 노는 것이 재미있어서 했지만, 점점 이기고 싶은 마음이 커졌어요.

어느 날, 공기놀이를 하는데 현진이가 지고 있었어요. 현진이는 조바심이 나서 자신에게 유리하게 규칙을 바꾸고 싶어했어요. 친구들은 "그래, 그렇게 하자."라고 하며 현진이가 말한 규칙대로 공기놀이를 했어요.

다음 날, 다시 공기놀이를 하는데 이번엔 현진이가 이기고 있었어요. 그때 다른 친구가 규칙을 바꾸자고 하자 현진이는 단호하게 안 된다고 말했어요. 같이 놀던 친구들은 기분이 상해 하나둘씩 조용히 자리를 떠났어요. 결국 현진이 혼자만 남았답니다.

 **선생님의 마음 도움**

친구들과 놀이할 때 비슷한 경험을 한 적이 있나요? 조금 불리해지면 규칙을 바꾼다든가 트집을 잡는 친구를 한 번쯤 본 적이 있을 거예요.

자기중심적으로 생각하고 자기에게 유리한 쪽으로만 규칙을 바꾸려고 하는 친구와 놀이를 하면 어떤 기분이 들까요? 아마 속상하고 불공평하다고 느낄 거예요.

내가 싫은 말을 친구에게 하거나, 내가 하기 싫은 일을 친구에게 시키지 말아야 해요. 내 마음이 소중하듯 친구 마음도 소중합니다. 친구들도 놀이를 하거나 함께 활동할 때는 서로의 입장을 이해하고 배려해야 해요.

내 마음과 친구의 마음을 모두 지키며 좋은 관계를 유지하기 바랍니다.

 따라 쓰며 마음을 챙겨요

자기가 하고 싶지 않은 것을 남에게 떠넘기지 말고, 열심히 해도 성과가 없거든 그 책임을 자신에게서 찾아야 한다. - 명심보감

자기가 하고 싶지 않은 것을 남에게 떠넘기지 말고, 열심히 해도 성과가 없거든 그 책임을 자신에게서 찾아야 한다. - 명심보감

나 하나쯤이야

 삐용삐용 마음 빨간불

하린이는 하굣길에 편의점에서 산 사탕을 먹었어요. 그러고는 사탕 껍질을 길가에 버렸어요. 아무도 보지 않는다고 생각했거든요.

'이 정도는 괜찮잖아. 하나쯤인데 뭐 어때.'

며칠 후 선생님, 친구들과 함께 걸으며 쓰레기를 줍는 활동인 '플로깅'에 참여하게 되었어요. 하린이는 친구들과 함께 학교 주변 길을 따라 걸어가기 시작했어요.

풀숲에는 작은 사탕 껍질, 과자 봉지, 빨대가 여기저기 흩어져 있었어요. 하린이는 문득 며칠 전 자기가 버린 사탕 껍질이 떠올랐어요.

'이렇게 많은 사람이 '나 하나쯤 괜찮아' 하고 버렸던 걸까?'

 ### 선생님의 마음 도움

우리는 가끔 '이 정도는 괜찮겠지', '이건 별거 아닐 거야' 하고 넘기는 일이 있어요. 하지만 그 일이 우리의 생각과 다르게 중요하거나 큰일일 수 있어요. 만약 그것이 나쁜 행동이라면 아무리 작은 것이어도 나쁜 것이고, 좋은 행동이라면 작아도 소중한 것이랍니다.

우리의 별거 아닌 것 같은 작은 행동이 누군가를 힘들게 할 수도 있고 작은 나눔과 배려가 누군가의 하루를 기분 좋게 할 수 있어요. 여러분은 어떤 선택을 할 건가요?

우리는 매일매일 수많은 선택을 해요. 그때마다 '작으니까 괜찮아'가 아니라 '작지만 바르게 행동하자'는 마음을 가졌으면 좋겠어요.

 ### 따라 쓰며 마음을 챙겨요

착한 일은 작아도 하지 않으면 안 되고, 나쁜 일은 작아도 하면 안 된다. - 명심보감

착한 일은 작아도 하지 않으면 안 되고, 나쁜 일은 작아도 하면 안 된다. - 명심보감

조금 늦으면 어때?

 삐용삐용 마음 빨간불

    태인이는 거의 매일 지각을 해요. 아침에 엄마가 출근하면서 깨워 주는데 '잠깐만 자야지' 하고 누웠다가 다시 잠들거든요. 아주 늦는 것은 아니지만 5분, 10분 정도 매일 지각하고 있어요. 처음에는 늦었다고 생각하고 학교까지 온 힘을 다해 뛰어갔는데 지금은 별거 아닌 것처럼 느껴져서 천천히 걸어가요.

    선생님과 엄마는 태인이에게 학교에 늦지 않게 일찍 일어나고 서둘러 준비하라 여러 번 이야기했지만 태인이는 전혀 달라지지 않았어요. 학교에 조금 늦는다고 세상이 바뀌는 것도 아니고, 아침에 일어나는 것도 귀찮아서 태인이는 별로 노력할 마음이 들지 않았어요. 한 달이 지나자 결국 선생님께서 노력하지 않는다고 태인이를 꾸중하셨어요.

 **선생님의 마음 도움**

우리는 누구나 실수를 해요. 아무리 열심히 완벽하게 하려고 해도 크고 작은 실수를 하게 돼요. 실수하는 것은 잘못된 일이 아니에요. 실수를 통해 우리는 반성하면서 많은 것을 배우고 변화의 계기로 삼습니다.

실수 자체는 잘못이 아니지만 실수했을 때 고치기 위해 노력하지 않는 것은 잘못이라고 할 수 있어요. 같은 실수를 반복하면서 아무것도 하지 않는 것은 자신을 위해 전혀 도움이 되지 않아요. 실수했을 때 남을 탓하거나 숨기려 하지 말고, 솔직하게 인정할 용기를 가져 보세요. 용기가 바로 자신을 성장시키는 첫걸음입니다.

 따라 쓰며 마음을 챙겨요

잘못이 있어도 고치지 않는 것, 이게 바로 잘못이다.
- 논어

잘못이 있어도 고치지 않는 것, 이게 바로 잘못이다.
- 논어

다짐보다 중요한 것

 삐용삐용 마음 빨간불

시우는 지난달에 시험을 망쳤어요. 그때 '이제부터는 진짜 열심히 해야지!'라고 다짐했어요 하지만 막상 또 친구들과 놀고 게임을 하다 보니 공부를 제대로 하지 못했어요.

이번 달 시험 보는 날이 되었어요. 공부를 제대로 안 한 시우는 결국 지난달처럼 낮은 점수를 받았어요. 시우는 속상하고 공부를 안 한 자신이 후회되었어요.

집에 돌아와 누나의 시험 성적을 들으니 누나는 지난번보다 성적이 올랐더라고요. 그래서 누나에게 공부를 어떻게 했는지 물어봤어요.

"저번 시험 성적이 안 좋았던 이유를 생각해 봤어. 그랬더니 공부 시간보다 노는 시간이 많아서 시험 범위를 끝까지 공부하지 못했더라고. 그래서 이번에는 하루에 1시간은 무조건 공부하는 것으로 계획을 세워서 해봤어."

 **선생님의 마음 도움**

앞으로 어떤 일이 생길지 정확히 알 수는 없지만 우리는 예전의 경험들을 돌아보면서 앞으로 일어날 실수나 위험을 줄일 수 있어요. 그러려면 예전에 했던 실수를 그냥 넘기지 말고, 그 속에서 배울 수 있는 점과 고쳐야 할 점을 스스로 찾아야 해요.

예를 들어 전에 시험 준비를 너무 늦게 해서 점수가 안 좋았다면, 다음에는 미리미리 준비를 하고 반복해서 공부한다면 더 좋은 점수를 받을 수 있을 거예요. 경험을 통해 배운 것을 하나씩 실천해 나간다면 미래에는 더 멋지게 해낼 수 있겠죠? 지나간 일을 잘 돌아보는 사람이 미래를 더 잘 준비할 수 있어요. 우리도 과거를 통해 미래를 준비하는 사람이 됩시다.

 따라 쓰며 마음을 챙겨요

미래를 알고 싶으면 지난 일을 먼저 살펴야 한다.
- 명심보감

미래를 알고 싶으면 지난 일을 먼저 살펴야 한다.
- 명심보감

알아주지 않아도

 삐용삐용 마음 빨간불

　지우네 반에는 장애인 친구가 있어요. 그 친구는 몸이 불편해서 화장실이나 체육관을 갈 때 도움이 필요해요. 그런데 그 친구는 자기가 필요한 것을 말로 표현하기 어려워해요. 그래서 힘들거나 도움이 필요할 때 혼자만 끙끙대곤 했어요.

　어느 날 지우는 그 친구가 점심시간에 혼자 앉아 있는 것을 보았어요. 친구들이 공기놀이하고 게임하는 것을 가만히 바라보고 있었어요. 지우는 그 친구가 같이 놀고 싶어하는 것 같아 마음이 쓰였어요. 그래서 다가가 같이 놀자고 이야기했어요. 친구는 지우의 말에 환하게 웃으며 마음을 표현했어요. 그 이후로 지우는 점심시간마다 다가가 이야기를 나눴어요.

　아무도 못 본 줄 알았는데 선생님께서 그 모습을 보셨어요. 선생님은 지우를 칭찬하셨고 학기말에 '착한 어린이상'을 주셨습니다.

 **선생님의 마음 도움**

여러분은 착한 행동을 많이 하나요, 나쁜 행동을 많이 하나요? 착한 행동을 할 땐 누가 알아줬으면 좋겠고 칭찬받고 싶다는 생각을 하곤 해요. 하지만 아무도 보지 못하거나 알아주지 않을 때도 있어요. 그래도 억울하게 생각하지 마세요. 착한 행동은 차곡차곡 쌓여서 언젠가 여러분에게 반드시 좋은 결과로 돌아온답니다.

그 반대도 마찬가지예요. 나쁜 행동을 하거나 남을 속였을 때 아무도 못 봐서 다행이라고 생각할 수 있어요. 하지만 나쁜 행동은 아무도 모른다고 해도, 결국 자신을 힘들게 만들지요. 여러분 마음속에는 양심이 있으니까요. 여러분이 착한 행동을 하다 보면 하늘도 우리에게 좋은 복으로 응답해 줄 거예요.

 따라 쓰며 마음을 챙겨요

착한 일을 하는 사람은 하늘이 복을 주고, 착한 일을 하지 않는 사람은 하늘이 재앙을 준다. - 명심보감

착한 일을 하는 사람은 하늘이 복을 주고, 착한 일을 하지 않는 사람은 하늘이 재앙을 준다. - 명심보감

리코더 연습하다 마음 상했어요

삐용삐용 마음 빨간불

 음악 시간에 '문리버'라는 음악을 배웠어요. 평소 들어 봤던 음악이라 듣기 참 좋았어요. 음악을 감상하고 나서 위아래 성부로 나눠 리코더 연습을 했어요. 리코더를 오랜만에 해서 손가락이 마음만큼 잘 움직이질 않았어요.
 선생님께서 리코더로 수행평가를 본다고 하셨어요. 두 명이 짝이 되어 윗성부, 아랫성부를 맡아야 하는데 세준이가 윗성부, 지은이가 아랫성부를 맡게 되었어요. 연습하는데 세준이가 지은이에게 말했어요.
 "지은아, 박자가 너무 빨라서 안 맞아."
 "여기 틀렸어. 우리 다시 해보자."
 지은이는 세준이가 자꾸 자신을 지적하는 것 같아 기분이 나빴어요.

 **선생님의 마음 도움**

선생님이나 부모님께서 여러분의 잘못이나 실수에 대해 말씀하실 때가 있어요. 친구가 나에게 고칠 점을 말할 때도 있고요. 그럴 때 잔소리 같고 기분이 나쁠 수 있어요. 화내거나 짜증 내는 말투로 이야기하면 감정이 상할 수도 있죠.

그런데 누군가 여러분에게 말할 땐 겉보다 그 속의 내용과 의미에 주목해야 해요. 여러분을 발전시키는 데 도움이 되는 말이 있다면 귀담아 듣고 그 부분에 대해 노력하는 게 좋겠죠? 다른 사람의 말은 여러분에게 나무에 대는 '먹줄'과 같아요. 먹줄은 곧게 선을 긋는 데 사용하는 도구인데 이 줄을 사용하면 구부러진 나무도 곧게 자랄 수 있게 도와줘요. 여러분도 이 먹줄과 같은 사람의 조언에 귀 기울이세요.

 따라 쓰며 마음을 챙겨요

나무가 먹줄을 따르면 곧게 자라고, 사람이 충고를 잘 받아들이면 거룩해진다. - 명심보감

나무가 먹줄을 따르면 곧게 자라고, 사람이 충고를 잘 받아들이면 거룩해진다. - 명심보감

다들 하길래 했는데

 삐용삐용 마음 빨간불

요즘 반 아이들 사이에서 '주주 몬스터'라는 게임이 엄청 유행이에요.
"야, 요즘 이거 안 하는 사람 있어? 안 하면 왕따야."
아이들 대부분은 이 게임을 하고 있었고, 나머지 안 하던 아이들도 분위기에 휩쓸려 게임을 설치하게 되었어요. 친구들이 대화할 때 이 게임 이야기를 많이 했기 때문에 게임에 대해서 모르면 대화에 낄 수가 없었거든요.
은우도 친구들과 어울리고 싶어 게임을 설치했어요. 그런데 게임을 하다 보니 친구 캐릭터를 공격하면 보상을 주는 방식이라 마음이 불편했어요. 그리고 결제를 해야 하는 상황이 계속 됐고 채팅창에 욕이 너무 많이 나왔어요. 준서는 다들 하길래 시작했지만 뭔가 이상하다고 느꼈어요.

 **선생님의 마음 도움**

친구들이 어떤 영상을 많이 보거나 유행하는 게임을 하면 대부분의 아이들이 같이 해요. 그런데 그것에 대해 한번 생각해 본 적 있나요? 여러분이 보는 영상은 좋은 영상인가요? 여러분이 함께 하고 있는 게임은 문제가 없나요? 우리는 모두가 하고 있는 걸 아무 판단 없이 따라 할 때가 많아요. 많은 사람이 하고 있으면 괜찮은 거고 문제가 없다고 생각할 수 있어요. 하지만 한 번쯤은 이게 맞는 행동인지 반드시 살펴야 해요. 많은 사람의 판단이 틀릴 때도 있거든요. 반대로 모두가 안 하고 싫다 할 때도 여러분이 생각할 때 그게 맞다면 할 수 있는 용기도 가져야 해요. 다른 사람에게 휩쓸리지 말고 스스로 판단합시다.

 따라 쓰며 마음을 챙겨요

모든 사람이 좋아하더라도 반드시 살펴야 하고, 모든 사람이 싫다고 하더라도 반드시 살펴야 한다.
- 명심보감

모든 사람이 좋아하더라도 반드시 살펴야 하고, 모든 사람이 싫다고 하더라도 반드시 살펴야 한다.
- 명심보감

청소는 귀찮아

 삐용삐용 마음 빨간불

서연이네는 일요일 아침마다 가족이 함께 청소를 했어요. 아침에 엄마가 "오늘은 우리 집 정리하는 날!"이라고 말씀하시자 서연이는 투덜댔어요.

"주말에는 늦잠 자고 싶은데 그냥 좀 쉬면 안 돼요?"

그러자 엄마가 말했어요.

"우리 가족이 깨끗한 곳에서 기분 좋게 지내기 위해서는 누구 하나만이 아니라 모두가 함께 부지런해야 해."

서연이는 마지못해 청소기를 돌리고, 재활용 분리수거도 도왔어요. 귀찮고 힘들었지만 막상 하고 나니 기분이 좋고 뿌듯했어요.

선생님의 마음 도움

여러분은 집안일을 돕고 있나요? 어떤 일을 하고 있나요?

집안이 화목하려면 서로 집안일을 도와야 해요. 부모님이 하시겠지 미루지 말고 모두가 한마음으로 함께할 때 서로에 대한 믿음도 생기고 내가 집에서 중요한 역할을 해내고 있다는 생각도 들 수 있어요. 때로는 귀찮고 하기 싫을 때도 있겠지만, 집에서 여러분이 소중한 사람인 만큼 집에서 어떤 역할을 해야 한다는 것을 기억해 주세요.

또 사고 싶은 것을 모두 사다 보면 정작 중요한 때 돈을 쓸 수가 없을 거예요. 평소에 불필요한 물건은 사지 않고 가지고 있는 것을 아껴 쓰는 생활을 합시다.

따라 쓰며 마음을 챙겨요

정사를 다스리는 데 중요한 것은 공평하고 사사로운 욕심 없이 깨끗이 하는 것이요, 집을 이루는 길은 검소하고 부지런한 것이니라. - 명심보감

정사를 다스리는 데 중요한 것은 공평하고 사사로운 욕심 없이 깨끗이 하는 것이요, 집을 이루는 길은 검소하고 부지런한 것이니라. - 명심보감

부드럽고 따뜻한 말이 부러워

 삐용삐용 마음 빨간불

가현이는 자주 엄마한테 혼나요. 엄마는 가현이가 조금만 실수해도 엄하게 하고 무서운 표정으로 큰 소리를 냈어요. 처음에는 무서워서 실수를 안 하려고 노력했는데 엄마가 조금 너무한다는 생각이 들었어요. 그래서 말대꾸도 해봤는데 더 혼나게 되고 상황이 안 좋아지곤 했어요.

어느 날, 가현이는 지원이네 집에 놀러 가게 되었어요. 지원이가 숙제를 안 하고 놀고 있으니 지원이 엄마가 아주 부드럽게 이야기했어요. 가현이네 집이었으면 벌써 큰 소리가 났을 텐데 말이에요. 가현이는 생각했어요.

'우리 엄마도 저렇게 이야기해 주면 좋겠어.'

 **선생님의 마음 도움**

부모님마다 아이를 대하는 방식이 달라요. 엄격하신 부모님도 계시고 부드럽게 말씀하시는 부모님도 계시지요. 정답은 없지만 선생님도 학교에서 아이들을 대할 때 힘이나 엄격함으로 변화시키는 것에는 한계가 있더라고요. 오히려 칭찬과 따뜻한 말 한마디로 아이들이 변하는 경우가 많았어요.

가족끼리는 잘못된 점이 보일 때 남보다 더 화내거나 짜증낼 수 있어요. 하지만 나그네의 옷을 강한 바람이 아니라 따뜻한 태양이 벗겼듯, 너그러운 표정과 따뜻한 말 한마디로 변화시키려는 자세를 가지면 좋겠어요. 가족과 함께 대화할 때 분위기를 바꿔 보세요.

 따라 쓰며 마음을 챙겨요

가족에게 허물이 있으면 크게 화내지도 말고 가볍게 넘기지도 말라. 봄바람이 언 땅을 녹이고 따뜻한 기운이 얼음을 녹이듯 해야 한다. – 채근담

가족에게 허물이 있으면 크게 화내지도 말고 가볍게 넘기지도 말라. 봄바람이 언 땅을 녹이고 따뜻한 기운이 얼음을 녹이듯 해야 한다. – 채근담

토끼를 이긴 거북이

 삐용삐용 마음 빨간불

민규는 수학 문제를 푸는 속도가 느렸어요. 선생님이 문제 풀 시간을 주시면 애들은 다 끝내고 경쟁이라도 하듯이 "저 다 했어요!"를 외쳤죠. 그럴 때마다 민규는 혼자 끝내지 못할 때가 많았어요. 친구들은 "민규 왜 이렇게 느려." 하고 장난처럼 말하곤 했어요.

민규는 빨리 푸는 것이 잘 되지 않았지만 수학을 잘하고 싶었어요. 그래서 집에 가서도, 조용히 문제집을 풀었어요. 틀린 문제는 왜 틀렸는지 꼭 확인했고, 모르는 건 끝까지 고민해 보고 질문해서 알고 넘어갔어요.

수학 5단원이 끝나자 선생님께서 단원 평가지를 주셨어요. 민규는 그동안의 노력 덕분에 빠른 속도로 문제를 풀었고 좋은 점수를 받았답니다.

 **선생님의 마음 도움**

처음에 빠르고 잘하는 친구를 보면 부럽기도 하고 내가 저렇게 할 수 있을까 싶어 좌절할 수도 있어요. 그렇게 빨리 빛나는 친구들 중에 자칫 노력을 게을리하거나 자만하면 빛을 잃기도 해요. 그렇기 때문에 빨리 빛나는 것을 부러워할 필요는 없어요. 각자 속도가 다르니 자기 속도에 맞춰 목표를 향해 노력하는 것이 중요해요.

속도보다 중요한 건 방향이에요. 제자리걸음 같고 이게 무슨 변화가 있을까 싶어 답답한 순간이 있을지라도 멈추지 말고 꾸준히 노력해 보세요.

 따라 쓰며 마음을 챙겨요

오래 엎드려 있는 새는 반드시 높이 날고, 먼저 핀 꽃은 홀로 일찍 시든다. - 채근담

오래 엎드려 있는 새는 반드시 높이 날고, 먼저 핀 꽃은 홀로 일찍 시든다. - 채근담

자만의 대가

 삐용삐용 마음 빨간불

 하윤이는 평소 공부를 잘했고 단원 평가를 볼 때도 자신만만했어요. 집에서 아빠와 문제집을 풀었을 때도 거의 다 맞았어요. 그래서 이번에 학교에서 본다는 수학 단원 평가 시험 점수가 기대됐어요.
 드디어 수학 시험 날이었어요. 그런데 예상치 못하게 수학 시험에서 계산 실수로 점수가 많이 깎였어요. 하윤이는 너무 속상해서 집에 오자마자 엉엉 울었어요. 공부를 포기하고 싶은 마음이었어요. 그때 엄마가 말했어요.
 "하윤아, 시험 점수가 잘 나올 때 자만하지 말고, 안 나올 땐 포기하지 말아야 해. 겸손한 마음으로 해야 진짜 실력이 쌓일 수 있어."

 **선생님의 마음 도움**

잘하고 있는 것이 있으면 우리는 그게 영원할 것처럼 여기고 당연히 좋은 결과가 나와야 한다고 생각해요. 그러면 참 좋겠지만 사실 상황이 바뀔 수도 있고 내가 모르는 것이 나와 좋은 결과를 못 받을 수도 있거든요. 그래서 내가 좋은 결과를 받고 인정받고 있는 것이라 해도 늘 겸손하게 노력하고 미래를 대비해야 해요.

만약 중간에 문제가 생기더라도 포기하지 마세요. 그 문제를 해결하고 극복하는 과정에서 여러분은 한 단계 성장하게 됩니다. 늘 미리미리 준비하는 자세로 앞날의 발전을 위해 애쓰세요. 그리고 마음먹은 것을 끝까지 밀고 나가는 인내심을 가져 보세요.

 따라 쓰며 마음을 챙겨요

군자는 편안할 때 한결같은 마음으로 훗날을 염려하고, 변고가 생겨도 백 번 참고 다시 성공을 도모해야 한다. - 채근담

군자는 편안할 때 한결같은 마음으로 훗날을 염려하고, 변고가 생겨도 백 번 참고 다시 성공을 도모해야 한다. - 채근담

하루 10분으로 이룬 변화

 삐용삐용 마음 빨간불

태율이는 방과 후 수업으로 '기타'를 신청했어요. 처음엔 기타 잡는 손도 어색하고 줄을 튕기는 것도 어려웠어요. 손가락이 아파서 한 곡도 끝까지 못 쳤어요.

같은 반 민서가 "나는 일주일 만에 '학교 종' 다 쳤어." 하고 말했을 때, 태율이는 마음속으로 '나는 재능이 없나 봐.'라고 생각했어요.

어느 날 기타 선생님께서 태율이에게 말씀하셨어요.

"태율아, 하루에 10분만 연습해도 돼. 대신 매일 꾸준히 하면 나중엔 네 손가락이 알아서 움직일 거야."

태율이는 그날부터 10분 연습을 시작했어요. 그렇게 하다 보니 자신감도 생기고 어느새 실력이 좋아져 곡 연주도 할 수 있게 되었어요.

 **선생님의 마음 도움**

무언가를 잘하기까지 매일 엄청난 노력이 필요할 것 같지만 사실은 작은 노력이 모여 큰 결과를 내는 거예요. 그 작은 노력을 꾸준히 하는 것도 어려운 일이거든요. 잘하는 사람은 처음부터 잘한 게 아니라, 중간에 포기하지 않고 꾸준히 노력했기 때문이라는 점을 기억해야 해요.

1km 거리를 걸어가야 한다면, 멀어서 언제 도착하나 싶겠지만 사실 천천히 가더라도 한 걸음 한 걸음 가다 보면 도착할 수밖에 없거든요. 매일 디딜 수 있는 한 걸음은 여러분의 의지로 충분히 디딜 수 있어요. 잘하고 싶은 것을 목표로 정하고 용기 내어 매일 한 걸음씩 내딛읍시다.

 따라 쓰며 마음을 챙겨요

새끼줄로 톱질해도 나무가 잘라지고 물방울이 떨어져 돌을 뚫으니, 도를 배우는 사람은 모름지기 힘써 구하라. - 채근담

새끼줄로 톱질해도 나무가 잘라지고 물방울이 떨어져 돌을 뚫으니, 도를 배우는 사람은 모름지기 힘써 구하라. - 채근담

더 많이 가지면 좋을 줄 알았어

 삐용삐용 마음 빨간불

성연이는 매일 문구점에 가서 예쁜 펜, 스티커, 메모지를 사 모았어요. 처음에는 구경하는 재미로 갔는데 사다 보니 욕심이 생기더라고요. 갈 때마다 사고 싶은 게 계속 생겨서 하나씩 사다 보니 책상 서랍은 점점 물건으로 가득 차게 되었어요.

어느 날 지난 크리스마스 때 받은 시계를 찾으려 하는데 도무지 찾을 수가 없었어요. 물건들이 너무 많아 책상과 서랍이 복잡해서 시계가 보이질 않았어요. 좋아서 샀던 물건들이 성연이를 무겁게 누르는 짐 같았어요. 성연이는 좋아하는 물건들을 포기할 수도 없고 어떻게 해야 할지 고민에 빠졌어요.

 **선생님의 마음 도움**

우리는 많이 가지면 더 행복할 것 같은 생각에 이것저것 욕심을 부리고 가지려 해요. 하지만 내가 갖는 게 많을수록 내 마음이 복잡해지고 힘들어진다는 것을 알고 있나요?

선생님은 법정 스님의 『무소유』라는 책을 인상 깊게 봤는데요. 그 책에서 스님은 식물을 키우기 시작하면서 여러 가지 걱정과 집착이 생기는 경험을 통해 무언가를 갖는다는 것이 여러 잡생각을 만든다는 것을 깨달았다고 해요. 돌아보니 선생님도 뭔가를 소유하면서 생기는 불편함이 많더라고요.

정말 필요한 것만 남기고, 욕심은 조금씩 줄여야 몸도 마음도 가볍고 행복하게 살 수 있어요. 더하기보다는 빼기에 신경 써 보세요.

 따라 쓰며 마음을 챙겨요

사람들이 날로 줄이기를 원하지 않고 오직 더하기를 원함은 스스로 자신의 삶을 얽매는 것이다. - 채근담

사람들이 날로 줄이기를 원하지 않고 오직 더하기를 원함은 스스로 자신의 삶을 얽매는 것이다. - 채근담

사과했는데 왜 안 받아줘?

 삐용삐용 마음 빨간불

　미술 시간에 물감으로 가을 풍경을 그리고 있었어요. 수영이는 휴지를 가지러 가다가 실수로 친구 준서의 물통을 쳤고 물이 쏟아졌어요. 그런데 하필이면 물이 준서의 그림에 쏟아져 버렸어요. 그래서 준서의 그림이 엉망이 되었어요.
　준서의 얼굴이 울그락붉그락 속상해 보였어요. 수영이는 어찌해야 할지 몰라 당황스러웠어요. 수영이는 사과하기 위해 준서에게 다가갔어요.
　"미안미안!"
　사과를 했는데도 준서의 표정이 풀리지 않았어요. 그러자 수영이도 자존심이 상했어요.
　"뭘 그런 거 가지고 그래? 그럴 수도 있지."
　그 말을 들은 준서의 표정이 더 안 좋아졌어요.

 **선생님의 마음 도움**

다른 사람의 마음을 움직이기 위해서는 '내 마음을 알아주겠지' 하는 생각으로 대충 해서는 안돼요. 진심을 다해 말과 글로 표현할 때 다른 사람에게 내 마음이 닿을 수가 있거든요. 마음에 닿는 것은 말이 아니라 '진심'이에요.
특히 사과할 땐 미안하다는 진심이 전해져야 화가 풀려요. 근데 사과를 대충 하면 진심이 전해지지 않고 화를 더 키우게 돼요. 이야기 속 수영이처럼 말이에요. 사람을 대하는 가장 중요한 것이 겉으로 하는 말이나 칭찬이 아니라 진심임을 기억하고 친구에게 진심을 가득 담은 표정으로 말을 건네 보세요. 여러분에 대한 신뢰와 애정이 더 커질 거예요.

 따라 쓰며 마음을 챙겨요

일상 생활에서는 공손하고 일을 처리할 때는 신중하며 다른 사람을 대할 때는 진심으로 대해야 한다.
- 논어

일상 생활에서는 공손하고 일을 처리할 때는 신중하며 다른 사람을 대할 때는 진심으로 대해야 한다.
- 논어

작은 행동이 만든 차이

 삐용삐용 마음 빨간불

 일인일역 화분에 물주기 담당은 연수입니다. 근데 연수는 친구들과 놀다 보면 화분에 물 줘야 하는 것을 잊어버렸어요. 마음속으로는 '물 한 번 안 준다고 어떻게 되겠어? 별것도 아닌데 나중에 줘야지.' 하고 생각하며 그냥 넘겼어요.

 그런데 누가 시키지 않았는데도 매일 아침 누군가 교실 창가에 있는 화분에 물을 줬어요. 바로 가현이었어요. 가현이가 화분에 물을 준 덕분에 식물은 쑥쑥 싱싱하게 자랐어요.

 이 사실을 알게 된 선생님께서 학년이 끝날 때 '일인일역상'을 가현이에게 주며 칭찬해 주셨어요. 그 모습을 본 연수는 별거 아니라 여기고 할 일을 미룬 자신이 후회가 되었습니다.

 **선생님의 마음 도움**

우리는 평소에 작은 것을 놓칠 때가 있어요. 작은 것 하나쯤이야 하는 마음으로 넘기곤 하거든요. 그런데 작은 것도 놓치지 않고 챙기는 사람이 있어요. 나중에 보면 그 사람들은 어느새 큰일을 이루기도 하고 멋진 결과물을 만들기도 합니다.

'티끌 모아 태산', '천리 길도 한 걸음부터'와 같은 말을 들어 본 적 있죠?
작은 일들이 모여 큰 일이 되는 것이에요. 작은 실천이 모여 여러분을 더 크고 훌륭한 사람으로 만들어 줄 거예요. 작지만 의미 있고 좋은 일을 꾸준히 해서 큰일을 해낼 수 있는 큰 그릇이 됩시다.

 따라 쓰며 마음을 챙겨요

반걸음을 쌓지 않으면 천리 길에 이를 수가 없고, 작은 물이 모이지 않으면 큰 강을 이루지 못한다. - 순자

반걸음을 쌓지 않으면 천리 길에 이를 수가 없고, 작은 물이 모이지 않으면 큰 강을 이루지 못한다. - 순자

이 책에 실린 고전

명심보감(明心寶鑑)
명심보감은 '마음을 밝혀 주는 보배로운 거울'이라는 뜻이에요. 중국 고전에서 좋은 말씀들을 모아 놓은 것으로, 착하고 바르게 행동하고 지혜롭게 생각할 수 있도록 도와주는 책이에요. 내 마음을 잘 다스리는 방법, 다른 사람과 관계를 잘 맺는 방법, 지혜롭게 행동하는 지혜 등이 담겨 있어요. 조선 시대 때에는 서당에서 『천자문』, 『사자소학』 다음으로 배우게 되는 책이었다고 해요.

채근담(菜根譚)
채근담은 중국 명나라 말기에 홍자성이라는 사람이 쓴 책이에요. 유교, 도교, 불교의 사상을 합친 것으로, 동양의 탈무드라고 해요. 우리가 생활 속에서 어떻게 생각하고 행동하면 좋을지에 대한 가르침을 주는 내용이에요. '채근(菜根)'은 나물 뿌리를 말해요. 나물 뿌리를 씹을 수 있다면 세상 모든 일을 다 이룰 수 있다는 의미인데요. 이 책은 나물 뿌리를 씹을 때처럼 깊고 소박한 지혜를 전해주고 있어요.

논어(論語)
공자와 그의 제자들이 한 좋은 말과 행동을 엮은 유교 경전으로, 공자와 제자들의 대화로 이루어져 있어요. '논(論)'은 공자가 제자나 사람들의 질문에 대답하고 토론한다는 뜻이고, '어(語)'는 제자들에게 전해준 가르침이라는 뜻이에요. 인(仁)을 실천하여 군자가 되기 위해 어떤 생각을 가지고 어떻게 행동해야 하는지에 대한 지혜를 전해주고 있어요.

알파에듀는 학부모와 어린이, 청소년을 위한 알파미디어의 교육 출판 브랜드입니다.

우리들의 고민 상담소

초판 1쇄 발행 2025년 11월 10일

지은이 | 김민아
그린이 | 임영제
펴낸이 | 정광성
펴낸곳 | 알파미디어
편집본부장 | 임은경
홍보마케팅 | 차재영
디자인 | 황하나

출판등록 | 제2018-000063호
주소 | 05387 서울시 강동구 천호옛12길 18, 한빛빌딩 201호
전화 | 02 487 2041
팩스 | 02 488 2040
ISBN | 979-11-7502-013-9 (73810)

* 이 책은 저작권법에 따라 보호를 받는 저작물이므로 무단전재와 복제를 금합니다.
* 이 책 내용의 전부 또는 일부를 사용하려면 반드시 저작권자의 서면 동의를 받아야 합니다.
* 잘못된 책이나 파손된 책은 구입하신 서점에서 교환하여 드립니다.

알파미디어에서는 책에 관한 기획이나 원고 투고를 기다리고 있습니다. 출간을 원하시는 분은 alpha_media@naver.com으로 연락처와 함께 기획안과 원고를 보내주세요.